문화와 함께 배우는
만만한 일본어

저자 이시이 히로코, 키노시타 쿠미코, 서혜린

1

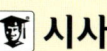 시사일본어사

언어는 그 배경에 있는 사람들의 생활과 역사, 가치관, 문화와 깊이 연결되어 있습니다. 일본어도 예외는 아니며, 일본인의 사고 방식과 습관, 그리고 일본 특유의 문화가 강하게 반영되어 있습니다. 따라서 일본어를 배우기 위해서는 그 기반이 되는 일본 문화를 이해하는 것이 매우 중요합니다. 그리고 일본어를 통한 커뮤니케이션 능력을 향상시키기 위해서는 일본인의 생활 방식과 가치관을 아는 것이 큰 도움이 됩니다. 또한 전통 행사나 풍습을 접하는 것도 현대 일본 사회에 대한 이해를 더욱 깊게 해줄 것입니다.

그러나 가르치는 입장에서 보면, 제한된 수업 시간 내에 문화와 관련된 지식을 다루는 것은 쉬운 일이 아닙니다. 또한 문화를 설명할 때 교사의 선입견이 학습자에게 편향된 이미지를 심어줄 수 있다는 어려움도 있습니다. 이러한 과제를 극복하고 '일본어를 일본 문화와 함께 즐겁고 효과적으로 배울 수 있는 수업을 실현하고 싶다'는 저자들의 바람에서 이 교과서가 출간되었습니다. 그리고 오랜 기간 동안 많은 분들께서 활용해 주신 덕분에 이번 개정판을 출판하게 되었습니다. 진심으로 감사드립니다.

이 교재는 일본어를 처음 배우는 분들이 부담 없이 일본어를 습득할 수 있도록 실제 커뮤니케이션 상황에서 유용하게 쓰이는 어휘와 표현을 엄선하여 구성했습니다. 문법 설명은 최소한으로 줄이고, 간결하고 이해하기 쉬운 예문을 제시했습니다. 그리고 여행이나 출장 등으로 일본을 방문했을 때 바로 활용할 수 있는 상황을 설정하고, 학습자끼리 또는 교사와의 실용적인 대화 연습을 통해 대화 능력이 자연스럽게 습득되도록 구성되었습니다.

또한 각 과의 주제와 관련된 일본 문화 퀴즈나 칼럼을 포함시켜 재미있게 일본 문화를 배울 수 있게 구성했습니다. 개인의 관심사가 점점 다양해지고 있는 지금이야말로, 다각적인 관점에서 일본 문화를 소개하고 학습자들의 호기심을 자극하는 것이 중요하다고 생각했기 때문입니다. 퀴즈는 학습자의 적극적인 참여를 유도하여 수업에 활기를 불어넣고, 학습 효과를 높이는 데 도움이 될 것입니다. 새로운 일본을 발견하고 일본 문화를 알아가는 즐거움을 꼭 체험해 보시기 바랍니다.

이 교재를 손에 든 모든 분들이 일본 문화와 함께 일본어를 배우는 즐거움을 느끼며, 행복하고 보람된 학습 시간을 보내시길 진심으로 바랍니다. 또한, 이 교재가 여러분의 일본어 능력 향상에 크게 도움이 되길 기대합니다.

마지막으로 이 교재의 출판을 위해 아낌없는 지원을 해주신 시사일본어사 관계자 여러분들께 진심으로 감사드립니다. 또한 사진 촬영과 자료 제공에 기꺼이 협조해 주신 많은 분들께도 이 자리를 빌려 깊이 감사드립니다.

저자 일동

목차

- 머리말　3
- 이 책의 구성과 특징　6
- 학습 구성표　8
- 수업에서 사용하는 일본어　12
- 인사말　13
- 히라가나 가타카나 50음도　14

제1과　일본어의 문자와 발음 1　15

제2과　일본어의 문자와 발음 2　27

제3과　일본어의 문자와 발음 3　39

제4과　はじめまして
　　　　　처음 뵙겠습니다　53

제 5 과　これは 何^{なん}ですか

이것은 무엇입니까?　67

제 6 과　ちかくに コンビニは ありますか

근처에 편의점이 있습니까?　81

제 7 과　何時^{なんじ}ですか

몇 시입니까?　95

제 8 과　いくらですか

얼마입니까?　109

제 9 과　好^すきですか

좋아합니까?　123

제 10 과　何^{なに}を しますか

무엇을 합니까?　137

- 정답　152
- 듣기 대본　159
- 색인　164

이 책의 구성과 특징

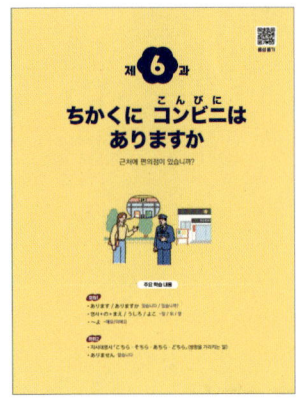

- **주요 학습 내용**
  각 과에서 배워야 할 학습 내용을 회화1과 회화2로 나누어 정리하여 한눈에 알아볼 수 있도록 하였습니다.

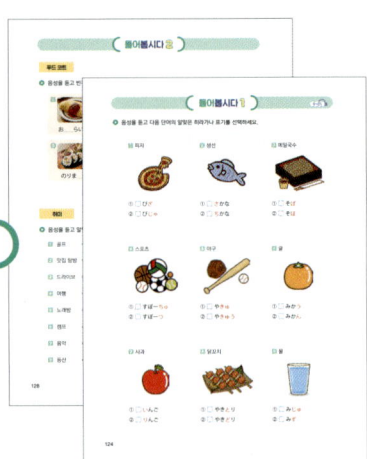

들어봅시다 1, 2

각 과에서 배울 주제와 관련된 어휘를 사진이나 삽화와 함께 제시하여 정확한 발음을 익힐 수 있도록 하였습니다.

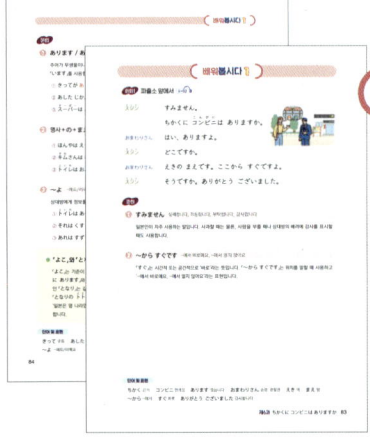

배워봅시다 1, 2

본문 회화를 제시하였으며, 본문에 쓰인 표현과 문법 내용을 설명 및 예문과 함께 다루었습니다. 신출 단어 및 표현은 교재 하단에 정리해 두어 편리하게 학습할 수 있도록 구성하였습니다.

연습해 봅시다 1, 2

배워봅시다 본문 회화에 나온 패턴이나 표현을 이용하여 실제 말하기 연습을 할 수 있도록 하였습니다.

정리해 봅시다

각 과에서 배운 내용을 문제를 풀어보며 정리할 수 있도록 하였습니다. 단어부터 문장 쓰기까지 다양한 문제를 풀어보며 실력을 점검할 수 있습니다.

도전! 일본 퀴즈

일본이나 일본문화에 대한 다양한 자료를 이용하여 퀴즈를 풀어보며 학습자들이 일본에 대한 관심과 흥미를 가질 수 있도록 구성하였습니다.

일본을 알아봅시다

각 과의 테마에 맞는 문화 내용을 사진과 함께 실어 일본 문화에 대한 이해도를 높일 수 있도록 구성하였습니다.

부록

쓰기 노트
히라가나와 가타카나를 써 보며
익힐 수 있도록 쓰기노트를 부록
으로 구성하였습니다.

음성 QR
QR코드 스캔을 이용하여
음성을 바로 듣거나 시사일본어사
홈페이지에서 다운로드 할 수 있습니다.

학습 구성표

	주요 학습내용(문법)	표현
1	일본어의 문자 히라가나 읽기 1 (청음 あ행 ~ な행)	
2	히라가나 읽기 2 (청음 は행 ~ わ행·ん)	
3	히라가나 읽기 3 (탁음), 히라가나 읽기 4 (반탁음), 히라가나 읽기 5 (요음), 히라가나 읽기 6 (발음), 히라가나 읽기 7 (촉음), 히라가나 읽기 8 (장음)	
4	**회화1** ① 명사 + です : ~입니다 ② 명사 + から : ~에서	① はじめまして : 처음 뵙겠습니다 ② どうぞ よろしく おねがいします : 　부디 잘 부탁합니다 ③ こちらこそ : 이쪽이야말로
	회화2 ① 명사 + は 명사 + です : ~은/는 ~입니다 ② 명사 + ですか : ~입니까? ③ 명사 + じゃ ありません : ~이/가 아닙니다 ④ 명사 + も : ~도	① ~さん : ~씨 ② はい/いいえ : 네/아니요
5	**회화1** ① 지시대명사「これ・それ・あれ・どれ」 　(물건을 가리키는 말) ② 何ですか : 무엇입니까? ③ 명사1 + の + 명사2 : ~의 ~ 　(종류, 소속 등을 나타내는「の」)	① どうぞ : 어서 (~하세요) ② どうも : 대단히 (감사합니다) ③ おみやげ : 선물, 기념품
	회화2 ① 지시대명사「ここ・そこ・あそこ・どこ」 　(장소를 가리키는 말) ② 명사1 + の + 명사2 : ~의 ~ 　(소유를 나타내는「の」)	① どうしましたか : 무슨 일이 있습니까? 　　　　　　　　무슨 일입니까? ② あのう : 저, 저어 ③ そうですか : 그렇습니까
6	**회화1** ① あります / ありますか : 있습니다 / 있습니까? ② 명사 + の + まえ / うしろ / よこ : ~앞/뒤/옆 ③ ~よ : ~예요/이에요	① すみません : 실례합니다, 죄송합니다, 　　　　　　　부탁합니다, 감사합니다 ② ~から すぐです : ~에서 바로예요, 　　　　　　　　　~에서 멀지 않아요
	회화2 ① 지시대명사「こちら・そちら・あちら・どちら」 　(방향을 가리키는 말) ② ありません : 없습니다	① あちらです : 저쪽입니다 ② もうしわけありません : 죄송합니다 ③ わかりました : 알겠습니다

도전! 일본 퀴즈	일본을 알아봅시다
퀴즈 1. 歌舞伎 (가부키) **퀴즈 2.** 相撲 (스모) **퀴즈 3.** 浮世絵 (우키요에) **퀴즈 4.** 일본 도자기	일본의 국명 : 니혼？닛폰？
퀴즈 5. 일본의 섬들 **퀴즈 6.** 일본의 면적 **퀴즈 7.** 일본의 수도, 도쿄 **퀴즈 8.** 일본 인구	일본 주요 도시
퀴즈 9. 고령화 **퀴즈 10.** 天皇 (덴노) **퀴즈 11.** 일본 수상 (내각 총리대신) **퀴즈 12.** 간토 지방과 간사이 지방	방언 : 다양한 일본어
퀴즈 13. 일본의 성씨 **퀴즈 14.** 이사와 집들이 선물 **퀴즈 15.** 부카쓰 (클럽 활동) **퀴즈 16.** 합격 기원	4월, 새로운 생활의 시작
퀴즈 17. 연말연시 **퀴즈 18.** 정월 **퀴즈 19.** 節分 (세쓰분) **퀴즈 20.** 일본의 복날	일본 전통 가옥
퀴즈 21. 편의점 디저트 **퀴즈 22.** おでん (어묵) **퀴즈 23.** 우체국 **퀴즈 24.** おにぎり (주먹밥)	일본의 동네 지킴이 交番(こうばん)(KOBAN)

		주요 학습내용(문법)	표현
7	회화1	① 숫자 0 ~ 10 ② 숫자 11 ~ 100 ③ 시간 표현	① 지명 + 行き : ~행 ② 何時ですか : 몇 시입니까? ③ 숫자 + ばんせん : ~번선
	회화2	① 시간 + から 시간 + まで : ~부터 ~까지	① ~は 何時からですか / 何時までですか : ~은/는 몇 시부터입니까? / 몇 시까지입니까? ② でんわばんごう、わかりますか : 전화번호, 압니까? ③ 전화번호 말하기
8	회화1	① 숫자 100 ~ 1,000 ② いくら : 얼마 (가격을 묻는 말)	① ごめんください : 계십니까?, 실례합니다 ② いらっしゃいませ : 어서 오십시오 ③ ~は いくらですか : ~은/는 얼마입니까?
	회화2	① いくつ : 몇 개 (개수를 묻는 말) ② 명사+と+명사 : ~와/과 ~	① おきまりですか : 정하셨습니까? 　　　　　　　　　　　(주문을 받겠습니다) ② ください : 주세요 ③ おもちかえりですか : 가져가시겠습니까?
9	회화1	① 명사 + が 好きです : ~을/를 좋아합니다 ② 명사+は 好きじゃ ありません : ~은/는 좋아하지 않습니다 ③ 명사+の ほうが ~ : ~쪽이 더 ~	① どうですか : 어떻습니까? ② とても/あまり : 아주, 매우/별로
	회화2	① 명사 + が いちばん ~ : ~이/가 가장 ~	① 大好きです : 아주 좋아합니다 ② ~は ちょっと… : ~은/는 좀……
10	회화1	① ~ます : ~ㅂ/습니다, ~겠습니다 ② 명사 + を : ~을/를 ③ ~ません : ~지 않습니다, ~지 않겠습니다	① よく : 자주, 잘 ② いいですか : 좋습니까?, 괜찮습니까? ③ おいしそうですね : 맛있어 보이네요, 　　　　　　　　　　　맛있겠네요 ④ お + 명사(미화어)
	회화2	① 명사(장소) + で : ~에서 ② 何の + 명사 : 무슨 ~	① すごいですね : 굉장하네요, 대단하네요 ② たいへんですね : 힘들겠네요 ③ がんばって ください : 열심히 하세요, 　힘내세요, 고생하세요 ④ 何/何 : 무엇

도전! 일본 퀴즈	일본을 알아봅시다
퀴즈 25. 숫자 퀴즈 26. 十二支 (십이지) 퀴즈 27. 八百屋 (야오야) 퀴즈 28. 까마귀와 비둘기	도쿄 관광 명소 : 도쿄 타워와 도쿄 스카이트리
퀴즈 29. 일본에서 태어난 빵들 퀴즈 30. 결혼식 퀴즈 31. 다도 퀴즈 32. どら焼き (도라야키)	와가시 : 맛있고 아름다운 일본 과자
퀴즈 33. 일본의 상차림 퀴즈 34. 젓가락 사용법과 생선 먹는 법 퀴즈 35. すし (초밥) 퀴즈 36. ぎゅうどん (규동)	和食(와쇼쿠) : 계절을 소중하게 여기는 일본요리
퀴즈 37. 일본의 손님 접대 '오모테나시' 퀴즈 38. 와리칸 (각자 부담) 퀴즈 39. 학교 급식 퀴즈 40. 일본의 국민 음식 카레	弁当(벤토)도시락 : 일본의 생활에 깊이 뿌리내린 문화

수업에 사용하는 일본어

① 명사

`수업` じゅぎょう(쥬교-), `교과서` きょうかしょ(쿄-카쇼),

`선생님` せんせい(센세-), `여러분` みなさん(미나상), `준비` じゅんび(준비)

② 수업을 시작할 때

- `시작합시다` はじめましょう(하지메마쇼-)
- `안녕하세요` おはよう ございます(오하요-고자이마스), こんにちは(콘니치와)

③ 휴식 시간 될 때

- `쉽시다` やすみましょう(야스미마쇼-)
- `네` はい(하이)
- `아니요` いいえ(이-에)

④ 수업이 끝날 때

- `끝냅시다` おわりましょう(오와리마쇼-)
- `수고하셨습니다` おつかれさまでした(오쓰카레사마데시타)
- `감사합니다` ありがとう ございました(아리가토-고자이마시타)
- `또 다음 주에` また らいしゅう(마타 라이슈-)

⑤ 기타

- `알겠습니다` わかりました(와카리마시타)
- `질문이 있습니다` しつもんが あります(시쓰몽가 아리마스)
- `다시 한번` もう いちど(모- 이치도)
- `말해 봅시다` いって みましょう(잇테 미마쇼-)
- `읽어 봅시다` よんで みましょう(욘데 미마쇼-)
- `씁시다` かきましょう(카키마쇼-)

인사말

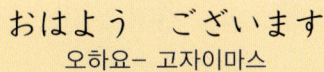

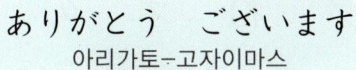

히라가나 가타카나 오십음도

	あ단	い단	う단	え단	お단
あ행 a	あ ア a	い イ i	う ウ u	え エ e	お オ o
か행 ka	か カ ka	き キ ki	く ク ku	け ケ ke	こ コ ko
さ행 sa	さ サ sa	し シ si	す ス su	せ セ se	そ ソ so
た행 ta	た タ ta	ち チ chi	つ ツ tsu	て テ te	と ト to
な행 na	な ナ na	に ニ ni	ぬ ヌ nu	ね ネ ne	の ノ no
は행 ha	は ハ ha	ひ ヒ hi	ふ フ hu	へ ヘ he	ほ ホ ho
ま행 ma	ま マ ma	み ミ mi	む ム mu	め メ me	も モ mo
や행 ya	や ヤ ya		ゆ ユ yu		よ ヨ yo
ら행 ra	ら ラ ra	り リ ri	る ル ru	れ レ re	ろ ロ ro
わ행 wa	わ ヤ wa				を ヨ o
	ん ン n				

제 1 과

일본어의 문자와 발음 1

음성 듣기

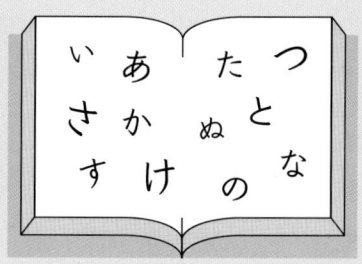

주요 학습 내용

- 일본어의 문자
- 히라가나 읽기 1 (청음 あ행 ~ な행)

✓ 일본어의 문자

일본어에서는 히라가나, 가타카나, 한자, 로마자, 아라비아 숫자까지 총 5종류의 문자를 사용합니다.

> 私(わたし)は パン(ぱん)を 3つ 食(た)べます。 나는 빵을 3개 먹습니다.
> 私(わたし)は DVDを 見(み)ます。 나는 DVD를 봅니다.

1 히라가나와 가타카나

히라가나와 가타카나는 표음 문자로 각각 46개가 있습니다. 히라가나, 가타카나는 한자를 바탕으로 만들어진 문자입니다. 가타카나는 외래어나 의성어, 의태어 등을 표기할 때 사용합니다.

2 일본어 한자

중국에서 전해진 한자는 표의 문자로 의미와 음을 동시에 나타냅니다. 한자 문화권에 있는 한국과 일본은 같은 한자어를 사용하는 경우가 많습니다. 다만 일본에서는 간략하게 쓰는 약자를 사용하고 있으므로, 한국에서 사용하는 한자와 모양이 다른 경우가 있습니다. 일본에서는 초등학교 6년 동안 1,000개 정도의 한자를 배웁니다. 일본의 가장 기본적인 생활 한자어는 약 70개 정도이고, 일본 신문에서 사용하고 있는 한자의 상위 500개 정도를 알면 기사의 약 80퍼센트를 이해할 수 있습니다.

	대학생	교과서	회사
한국 한자	大學生	敎科書	會社
일본 한자	大学生	教科書	会社

3 일본어 히라가나와 발음

일본어의 기본 모음은 あ[a], い[i], う[u], え[e], お[o]의 5개입니다. 이 기본 모음과 자음, 반모음이 결합되어서 일본어의 음이 만들어집니다. 기본적으로 하나의 히라가나가 하나의 음을 나타냅니다. 히라가나의 모양과 발음은 연관성이 없습니다. 따라서 기본 46개 히라가나를 잘 외워 두어야 합니다.

기본 46개의 히라가나 발음을 '청음'이라고 합니다. 또한 일부 히라가나에 「゛」「゜」을 표시한 '탁음'과 '반탁음'이 있습니다. 그리고 반모음인 「や」「ゆ」「よ」를 다른 히라가나와 결합시켜 ぎゃ[gya], にゅ[nyu], じょ[jo]와 같이 표기하는 '요음'이 있습니다.

✓ 히라가나 읽기 1 청음 あ행 ~ な행

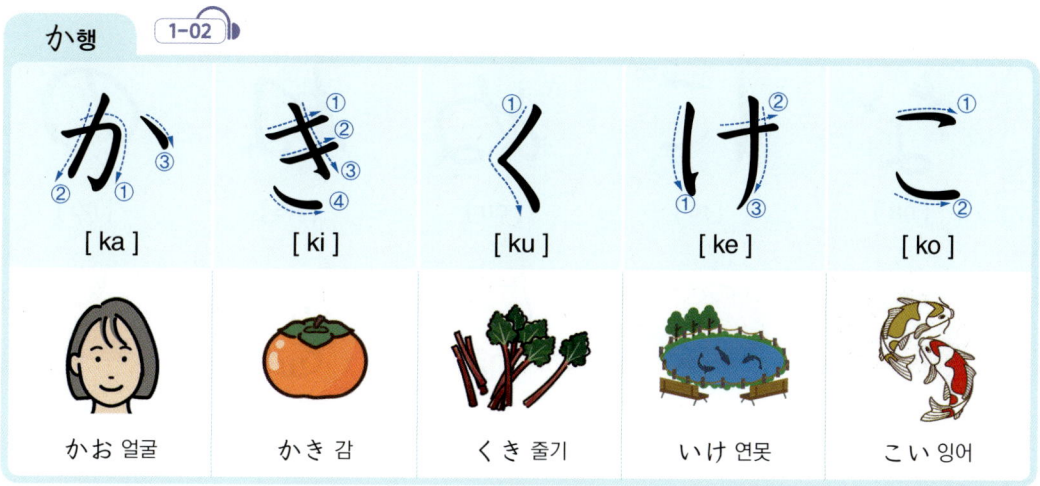

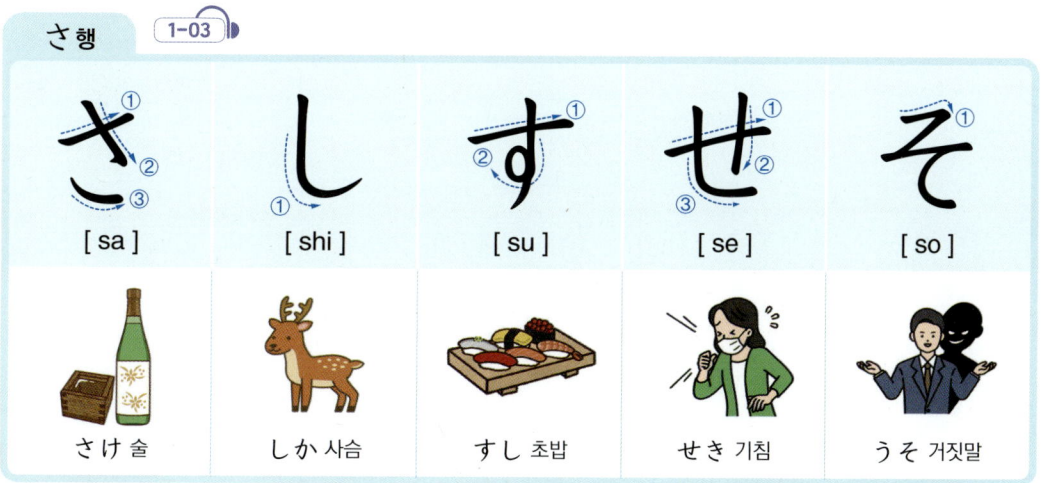

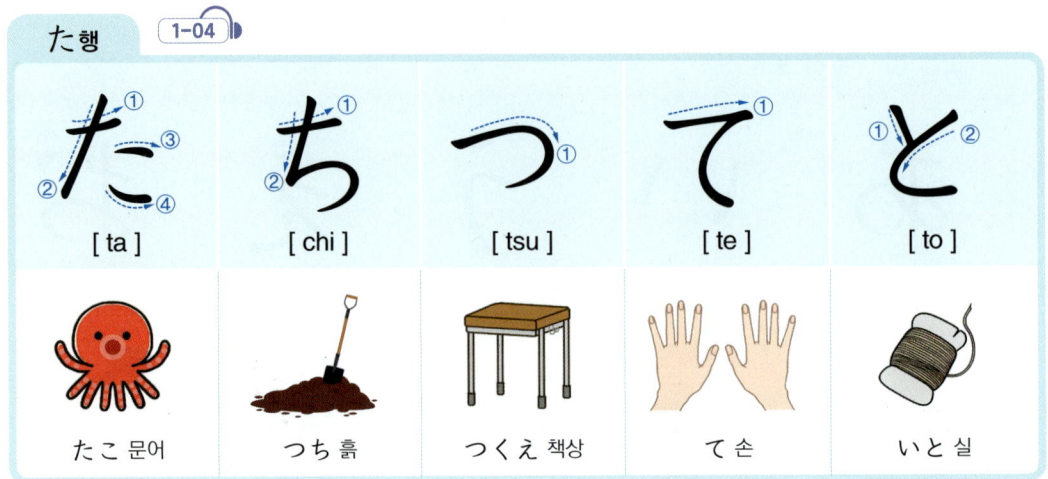

연습해 봅시다 1

두 사람 중 한 사람은 Ⓐ(19페이지)를, 한 사람은 Ⓑ(20페이지)를 보고 예와 같이 빈칸 부분을 서로 질문하면서 표를 완성하세요.

예
A 「あ」は なんですか。「あ」는 무엇입니까?
 　　'아' 와　난 데 스 카
B 「あ」は いえです。「あ」는 '집'입니다.
 　　'아' 와　'이 에' 데 스

예 あ	い	う	え	お
?	 とけい	?	 せかい	?
いえ	とけい		せかい	

か	き	く	け	こ
いと	?	くつ	?	いす

さ	し	す	せ	そ
?	さかな	?	あし	?

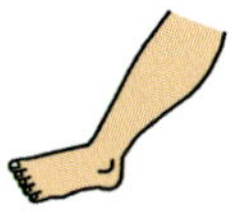

た	ち	つ	て	と
さけ	?	おかね	?	かき

B

두 사람 중 한 사람은 Ⓐ(19페이지)를, 한 사람은 Ⓑ(20페이지)를 보고 예와 같이 빈칸 부분을 서로 질문하면서 표를 완성하세요.

> 예
> A 「あ」は なんですか。 「あ」는 무엇입니까?
> B 「あ」は いえです。 「あ」는 '집'입니다.

연습해 봅시다 2

1 다음 히라가나를 쓰고 나머지 넷과 행이 다른 것을 하나 고르세요.

예	あ	い	う	え	そ
①	か	け	き	さ	く
②	ぬ	お	ね	に	の
③	し	そ	こ	す	せ
④	つ	た	な	と	ち
⑤	い	え	て	あ	う

2 히라가나를 か に く ち ▶ か に く ち ▶ …… 순서로 연결하여 미로를 완성하세요.

か	に	く	ち	に	に	ち	に	く
く	に	か	か	ち	ち	ち	に	に
く	ち	く	に	ち	に	ち	に	ち
く	か	く	に	ち	ち	に	ち	に
ち	に	く	ち	か	に	く	ち	く
ち	ち	に	に	ち	に	か	か	ち
に	く	く	に	か	ち	く	に	ち
に	に	ち	に	く	ち	く	に	に
ち	く	か	に	く	ち	か	に	く

도전! 일본 퀴즈

퀴즈 01 　歌舞伎(가부키)

「歌舞伎(가부키)」는 「能(노)」「狂言(교겐)」「文楽(분라쿠)」와 더불어 일본 4대 전통 예능 중 하나입니다. 노래, 춤, 연기가 어우러진 종합 연극으로 모두 남자 배우로 구성되어 있습니다. 17세기 초에 '이즈모노 오쿠니'라는 무녀가 춤 공연을 할 때 당시 유행하던 '가부키모노'라는 분장을 도입한 것이 시작이라고 합니다. 17세기 중순부터는 남자 역은 물론 여자 역도 남자 배우가 연기하게 되었고, 그것이 현재에 이르고 있습니다. 에도 시대(1603-1868)에는 대중 오락으로 최고의 인기를 끌었습니다. 2009년에는 세계무형유산에 등록되어 지금도 그 전통을 지키고 있습니다. 노래방 등에서 자신 있게 부를 수 있는 노래를 '18번'이라고 하는데, 이것은 가부키에서 유래한 말입니다. (가부키 배우 이치카와 단주로가 가장 자신 있어 했던 18개의 공연 목록에서 유래했다고 합니다.) 가부키의 분장은 가발, 의상, 그리고 화장으로 이루어집니다. 가부키의 화장을 「隈取(구마도리)」라고 하고, 배우의 역할이나 성격에 따라서 디자인이나 색깔이 달라집니다.

그럼, 빨간색 화장은 어떤 역할을 나타내는 것일까요?

① 도깨비나 요괴　　② 악인이나 원령　　③ 정열적인 여성　　④ 정의로운 사람

퀴즈 02 　相撲(스모)

「相撲(스모)」는 일본 전통 스포츠로 한국 씨름과 비슷합니다. 3세기 유적에서 출토된 토기에 스모의 모습이 그려져 있을 정도로 역사가 매우 오래되었습니다. 원래는 「力士(리키시)」라고 불리는 스모 선수의 건강함을 신에게 바치는 의식이었습니다. 지금도 「土俵(도효)」라고 불리는 씨름판은 신성한 장소로 여겨집니다. 리키시는 예의를 존중하여 전통적인 머리 모양을 하고 「回し(마와시)」라는 띠를 허리에 매고 경기에 임합니다. 현재 1년에 6번의 정기 대회가 열리고 NHK에서 방송되고 있습니다.

그럼, 경기가 시작되기 전에 선수가 씨름판에 뿌리는 흰 가루는 무엇일까요?

① 모래　　　　② 소금　　　　③ 석회　　　　④ 밀가루

퀴즈 03 浮世絵(우키요에)

「浮世絵(우키요에)」는 18세기 에도 시대에 발달한 풍속화로 목판화와 육필화가 있습니다. '우키요'는 '현대', '현실'이라는 뜻입니다. 전쟁이 계속되었던 시대가 끝나고 평화로운 생활을 즐기는 에도 서민의 사회 풍속을 알 수 있습니다. 인기 있는 가부키 배우의 초상화나 미인화 등은 지금의 연예인 포스터와 같은 것이었습니다. 또한 서민이 여행을 즐기기 시작하면서, 풍경화는 지금의 그림 엽서 같은 것이 되었습니다.

초기의 목판화는 단색이었고 채색할 때는 붓을 사용했습니다. 그 후 기술이 발달하여 여러 색상으로 인쇄할 수 있게 되었습니다. 발행처의 지시에 따라 초벌 그림, 조각, 인쇄의 분업으로 한 장의 작품이 완성됩니다. 우키요에의 예술성은 해외에서도 주목 받았습니다. 19세기 중엽 이후 유럽에서는 '자포니즘(Japonisme)'이라는 일본 예술 무브먼트가 일어났습니다. 우키요에는 인상파를 대표하는 서양 예술가들에게도 큰 영향을 주었습니다.

그럼, 위 두 개의 우키요에(우타가와 히로시게의 작품)를 유화로 모사한 것으로 유명한 화가는 누구일까요?

① 고흐   ② 드가   ③ 모네   ④ 피카소

퀴즈 04 일본 도자기

도자기를 일본에서 일반적으로 「焼き物(야키모노)」라고 하는데 이것은 '구운 것'이라는 뜻입니다. '야키모노'의 역사는 약 12,000년 전까지 거슬러 올라가며, 오늘에 이르기까지 중국이나 한반도로부터 영향을 받으면서 발전해 왔습니다. '야키모노'가 크게 발전한 것은 모모야마 시대(1573-1603)이고, 그 이유 중 하나는 다도의 유행이었습니다. 다도용 도구나 그릇을 굽는 기술이 비약적으로 발달한 것입니다. 한반도로부터 많은 도공이 그 기술을 일본에 전했는데, 그 중에서도 이삼평(李參平)이 유명합니다. 이삼평은 1610년경에 사가현 아리타 지역에서 질이 좋은 고령토를 발견하고 일본 최초의 백자기를 생산해 지금의 '아리타야키'를 일으켰습니다. 그 밖에도 일본 각지의 다양한 '야키모노'가 있습니다. 시가현의 '시가라키'도 대표적인 야키모노 산지 중 하나입니다. '시가라키'에는 가게 처마 밑에 사업 번창을 바라는 의미로 머리에 삿갓을 쓴 귀엽게 생긴 동물 장식물이 많이 놓여져 있습니다.

그럼, 이 동물은 무엇일까요?

① 돼지   ② 너구리   ③ 여우   ④ 고양이

정리해 봅시다

1 다음 히라가나를 바르게 고쳐 쓰세요.

2 다음 빈칸에 알맞은 히라가나를 보기에서 골라 쓰세요.

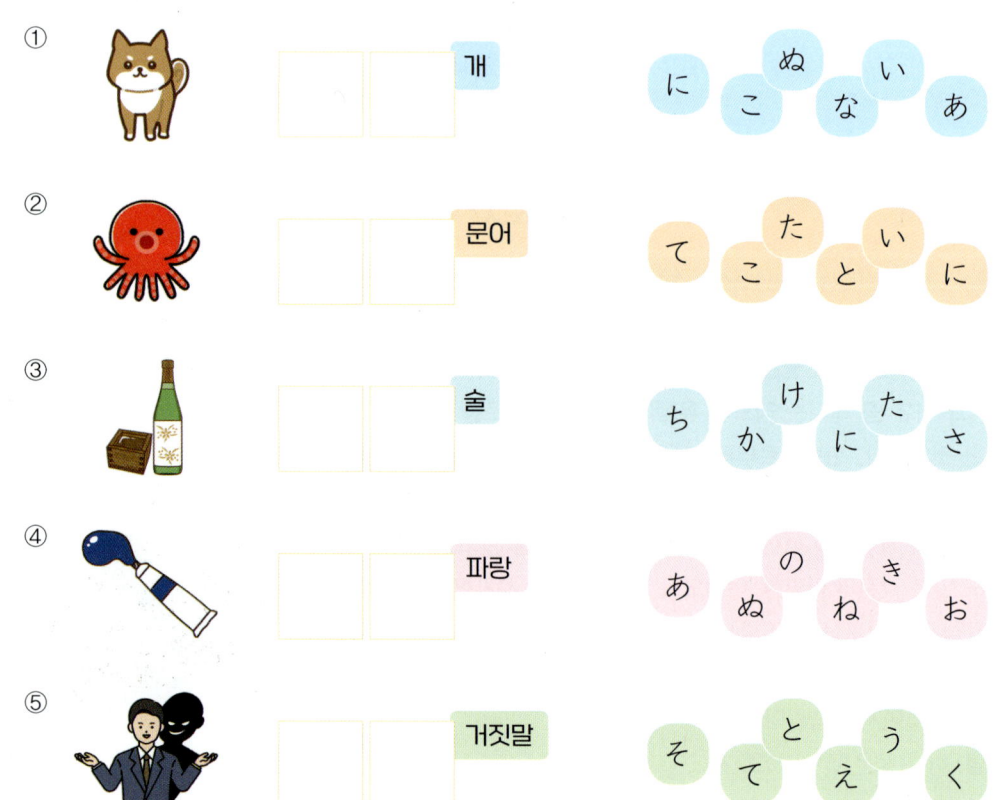

3 다음 단어를 써 보세요.

① 역 [e] [ki]

② 아침 [a] [sa]

③ 구두, 신발 [ku] [tsu]

④ 연못 [i] [ke]

⑤ 과자 [o] [ka] [shi]

⑥ 내일 [a] [shi] [ta]

⑦ 열 [ne] [tsu]

⑧ 거기 [so] [ko]

일본어 사용법 톡톡!

🍀 일본어의 악센트와 억양

한국어는 억양이 적고 평탄하며 음의 강약이나 어미의 길이로 감정을 표현하는 것이 특징입니다. 한편, 일본어는 '고저 악센트'언어로, 단어나 문장에 톡특한 억양이 있습니다. 예를 들어 「비(あめ↘)」와 「사탕(あめ↗)」는 악센트의 차이로 의미가 달라집니다. 또한 일본어는 문장 전체의 억양도 중요하며 의문문은 상승조, 긍정문은 하강조가 됩니다.

한국인이 일본어다운 억양을 익히려면 각 단어의 악센트나 문말의 억양을 의식하면서 일본어 음성을 듣는 것이 중요합니다. 그리고 섀도잉이나 음독을 통해 억양을 흉내 내어 말해보며 일본어의 리듬을 몸에 익히는 연습이 효과적입니다.

🙂 일본의 국명 : 니혼? 닛폰?

「日本(일본)」의 국명은 '해가 떠오르는 방향인 동쪽에 있는 나라'라는 의미에서 유래했습니다. 고대에는 여러 가지 국명이 사용되었지만, 3세기 이후에는 「やまと(야마토)」라고 불리게 되었고, 7세기경의 문헌에서 「日本(일본)」이라는 표기를 찾아볼 수 있습니다.

그러면 「日本(일본)」은 「にほん(니혼)」이라고 발음할까요? 아니면 「にっぽん(닛폰)」이라고 발음할까요? 현재 두 가지 모두 허용되고 있습니다.

일본 문자인 히라가나와 가타카나가 만들어진 헤이안 시대(794-1185)에도 두 가지 발음이 사용되고 있었고, 그것이 통일되지 않은 채 오늘에 이르고 있습니다.

올림픽이나 월드컵 등에서 일본 선수를 응원할 때는 주로 「にっぽん(닛폰)」이 사용됩니다. 또 일본 지폐를 보면 'NIPPON GINKO(일본 은행)'라고 쓰여져 있습니다.

한편 「日本語(일본어)」는 '니혼고', 「日本酒(일본 술)」은 '니혼슈', 「日本料理(일본 요리)」는 '니혼료리'라고 발음하는 것이 일반적입니다.

일본은 국명을 읽는 법이 두 가지 있는 세계에서도 드문 나라라고 할 수 있겠지요. 「にほん(니혼)」을 사용하는지 「にっぽん(닛폰)」을 사용하는지는 개인차와 지역차도 있습니다. 일본인 친구가 생기면 「日本(일본)」을 포함한 단어를 '니혼'이라고 발음하는지 '닛폰'이라고 발음하는지 물어보면 재미있겠지요.

NIPPON GINKO (일본 은행)

日本酒(니혼슈-일본주)

日本料理(니혼료리-일본 요리)

음성 듣기

제 2 과

일본어의 문자와 발음 2

주요 학습 내용

• 히라가나 읽기 2 (청음 は행 ~ わ행 · ん)

✓ 히라가나 읽기 2 청음 は행 ~ わ행·ん

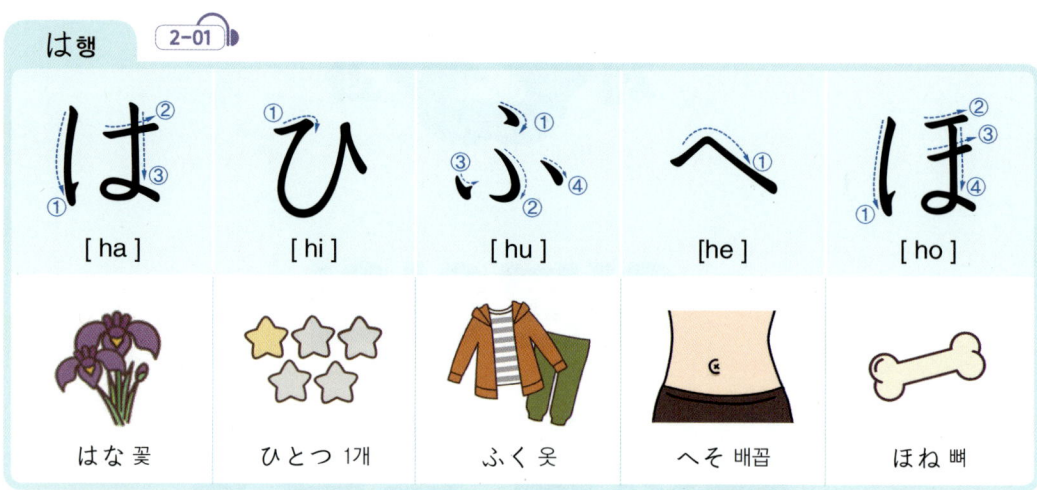

✓ 혼동하기 쉬운 히라가나

혼동하기 쉬운 히라가나를 소리내어 읽으며 써 보세요.

あ	お	た	に	い	り
あ あ	お お	た た	に に	い い	り り

む	す	め	ぬ	か	や
む む	す す	め め	ぬ ぬ	か か	や や

る	ろ	は	ほ	ま	も
る る	ろ ろ	は は	ほ ほ	ま ま	も も

ね	れ	わ	ち	さ	き
ね ね	れ れ	わ わ	ち ち	さ さ	き き

연습해 봅시다 1

두 사람 중 한 사람은 Ⓐ(31페이지)를, 한 사람은 Ⓑ(32페이지)를 보고 예와 같이 빈칸 부분을 서로 질문하면서 표를 완성하세요.

> 예
> A 「ま」は なんですか。「ま」는 무엇입니까?
>   마 와 난 데스카
> B 「ま」は あめです。「ま」는 '비'입니다.
>   마 와 아메데스

예 ま	は	や	ほ	ら
あめ	はさみ		やま	

ろ	り	わ	る	み
つめきり		さる		さら

む	よ	れ	ひ	も
	れきし		たこやき	

を	め	ふ	ゆ	へ
さくら		にわとり		ひこうき

B

두 사람 중 한 사람은 Ⓐ(31페이지)를, 한 사람은 Ⓑ(32페이지)를 보고 예와 같이 빈칸 부분을 서로 질문하면서 표를 완성하세요.

예
A 「ま」は なんですか。「ま」는 무엇입니까?
   마 와 난 데 스 카
B 「ま」は あめです。「ま」는 '비'입니다.
   마 와 아 메 데 스

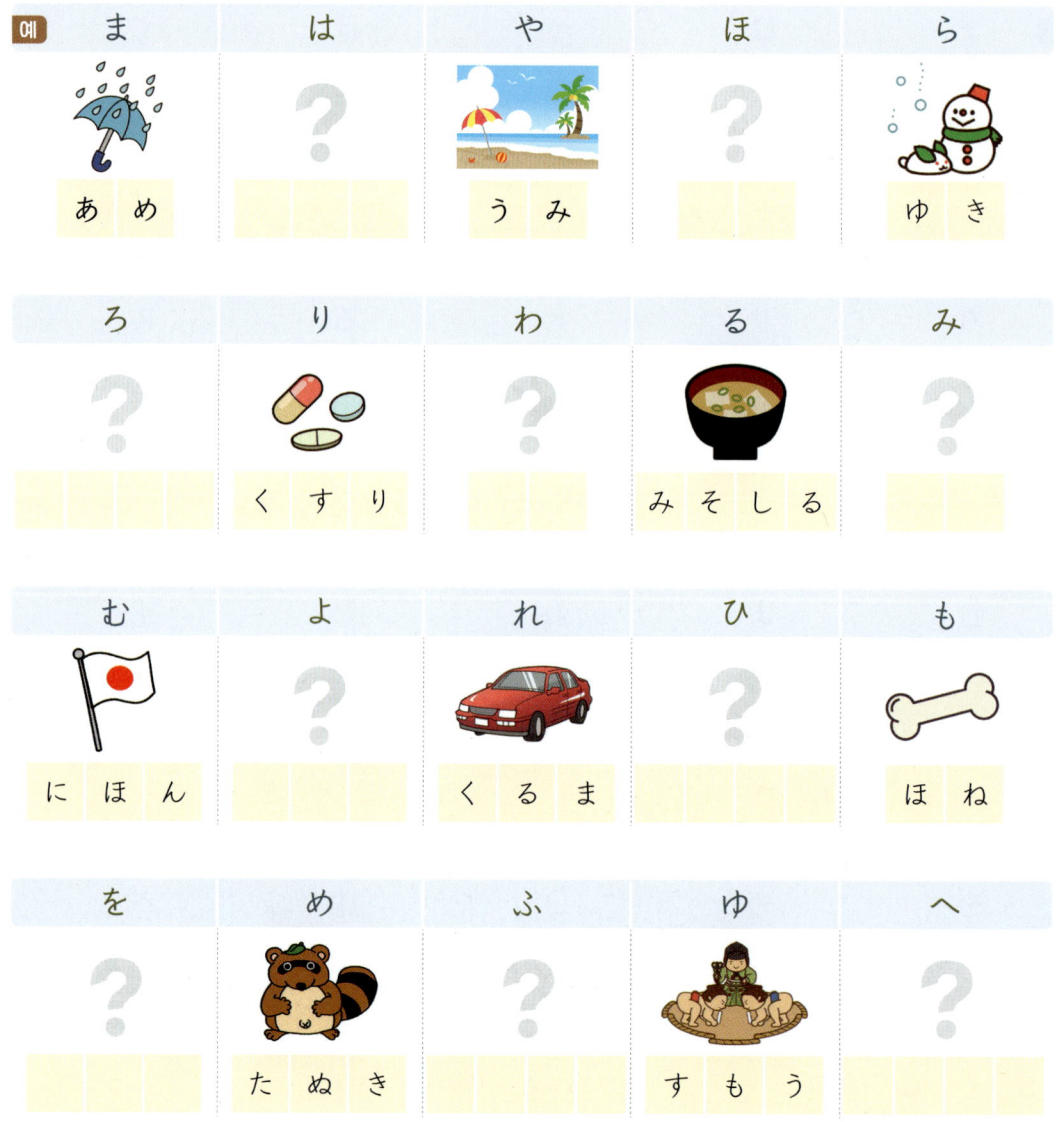

연습해 봅시다 2

1 다음 히라가나를 쓰고 나머지 넷과 행이 다른 것을 하나 고르세요.

예	あ	い	う	え	(そ)
①	ひ	ふ	ほ	よ	へ
②	み	ゆ	め	む	も
③	れ	ん	り	る	ろ
④	の	ぬ	わ	に	ね
⑤	や	と	た	ち	て

2 히라가나를 や へ ふ め ▶ や へ ふ め ▶ …… 순서로 연결하여 미로를 완성하세요.

や	へ	ふ	へ	め	へ	め	ふ	へ
ふ	へ	め	へ	め	へ	め	や	へ
ふ	ふ	や	ふ	や	へ	ふ	ふ	ふ
ふ	へ	へ	ふ	め	へ	ふ	へ	め
ふ	め	へ	ふ	め	へ	ふ	め	や
へ	め	ふ	ふ	ふ	ふ	へ	め	へ
め	め	め	へ	め	め	め	へ	ふ
め	め	め	め	へ	め	ふ	ふ	め
へ	ふ	め	へ	へ	へ	ふ	ふ	や

도전! 일본 퀴즈

퀴즈 05 — 일본의 섬들

일본은 「北海道(홋카이도)」, 「本州(혼슈)」, 「四国(시코쿠)」, 「九州(규슈)」의 4개의 큰 섬과 많은 작은 섬으로 이루어져 있습니다.

그럼, 일본에는 약 몇 개의 섬이 있을까요?

① 약 900개
② 약 4,000개
③ 약 9,000개
④ 약 14,000개

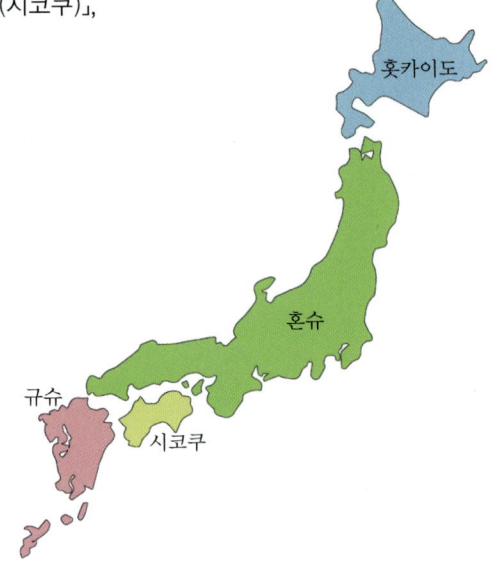

퀴즈 06 — 일본의 면적

일본의 면적은 약 378,000km²로 한반도의 약 3.7배입니다.
남북으로 약 3,000km의 길쭉한 형태의 섬나라입니다.

그럼, 유럽의 섬나라 영국의 면적은 일본과 비교하면 어떨까요?

① 홋카이도와 비슷하다.
② 혼슈 + 시코쿠와 비슷하다.
③ 시코쿠 + 규슈와 비슷하다.
④ 규슈와 비슷하다.

퀴즈 07 일본의 수도, 도쿄

일본의 수도는 「東京都(도쿄도)」로 면적은 약 2,199㎢입니다. 특별구인 도쿄 23구와 그 외의 시정촌으로 구성되어 있습니다. 도쿄 23구의 면적은 약 627㎢로 도쿄도 전체의 약 30%에 해당하며 정부의 주요 기관과 기업 등이 이곳에 집중되어 있습니다.

도쿄의 옛 이름은 「江戸(에도)」였습니다. 1603년 도쿠가와 이에야스가 에도에 막부를 열면서 에도 시대가 시작되었습니다. 그 후 에도는 급속하게 발전하여 일본 정치와 경제의 중심이 되었습니다. 1868년 메이지 시대의 시작과 함께 에도는 도쿄로 이름이 바뀌어 일본의 수도가 되었습니다. 그 이후 도쿄는 국제 도시로서 계속 성장하고 있습니다.

그럼, 한국의 수도 서울은 일본의 어느 도시와 위도가 거의 같을까요?

① 오사카   ② 도쿄   ③ 후쿠시마   ④ 삿포로

퀴즈 08 일본 인구

제2차 세계대전 이후, 일본은 베이비 붐으로 출산율이 높아져 1955년에는 총인구가 약 8,500만 명이 되었습니다. 그리고 고도 경제 성장을 거쳐 1967년에는 1억 명을 돌파했습니다. 하지만 그 후에는 출산율 저하가 진행되어 총인구는 2008년 약 1억 2,808만 명을 피크로 계속 감소하고 있습니다. 2048년에는 1억 명을 밑돌고, 2060년에는 8,674만 명까지 감소할 것으로 예상됩니다.

그럼, 에도시대 말기(1868년경) 일본의 총인구는 어느 정도였을까요?

① 약 1,800만 명   ② 약 3,400만 명   ③ 약 5,000만 명   ④ 약 7,500만 명

정리해 봅시다

1 예와 같이 올바른 히라가나에 ○를 표기하세요.

2 빈칸에 알맞은 히라가나를 보기에서 골라 쓰세요.

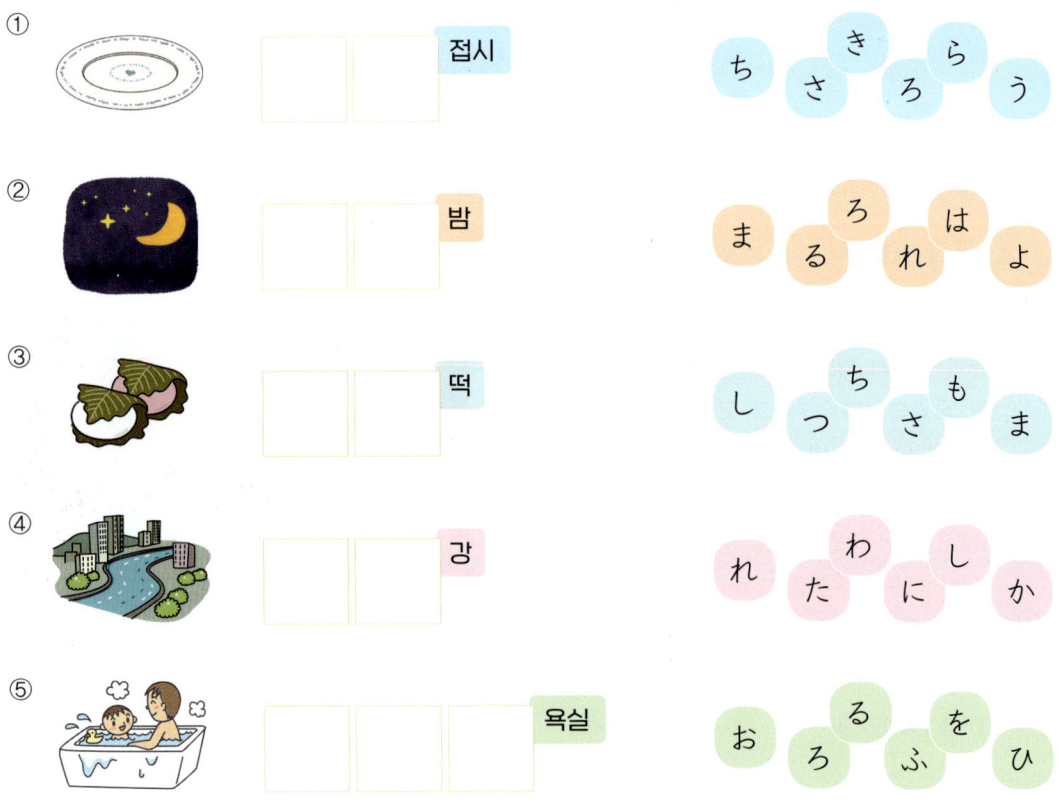

3 다음 단어를 써 보세요.

① 방 [he] [ya]

② 젓가락 [ha] [shi]

③ 배 [hu] [ne]

④ 된장 [mi] [so]

⑤ 한국 [ka] [n] [ko] [ku]

⑥ 아주, 매우 [to] [te] [mo]

⑦ 별로, 그다지 [a] [ma] [ri]

😊 일본 주요 도시

일본은 4개의 큰 섬인 「北海道(홋카이도)」, 「本州(혼슈)」, 「四国(시코쿠)」, 「九州(규슈)」로 이루어져 있습니다. 그 외에 「沖縄(오키나와)」 등 많은 작은 섬들이 있습니다. 동경 122도에서 154도, 북위 20도에서 46도 사이에 위치하며, 국토 면적은 약 378,000km²로 한국의 약 3.7배입니다. 일본은 국토의 70% 이상이 산지이고 대부분이 산림 지대를 형성하고 있습니다. 현재 일본에는 1개의 「都(도)」, 1개의 「道(도)」, 2개의 「府(후)」, 43개의 「県(켄)」으로 모두 47개의 행정 구역이 존재합니다. 수도는 「東京(도쿄)」이고 가장 인구가 많습니다. 그 외에 인구가 200만 명이 넘는 도시는 「横浜(요코하마)」, 「大阪(오사카)」, 「名古屋(나고야)」입니다.

- さっぽろ 삿포로
- ほっかいどう
- きょうと 교토
- ひろしま 히로시마
- ふくおか 후쿠오카
- きゅうしゅう
- しこく
- おおさか 오사카
- なごや 나고야
- ほんしゅう
- とうきょう 도쿄
- よこはま 요코하마

제 3 과

일본어의 문자와 발음 3

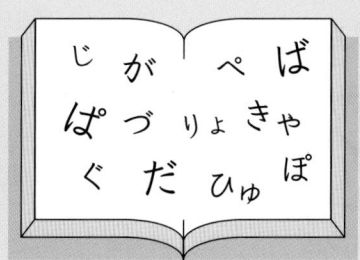

주요 학습 내용

- 히라가나 읽기 3 (탁음)
- 히라가나 읽기 4 (반탁음)
- 히라가나 읽기 5 (요음)
- 히라가나 읽기 6 (발음)
- 히라가나 읽기 7 (촉음)
- 히라가나 읽기 8 (장음)

✓ 히라가나 읽기 3 탁음

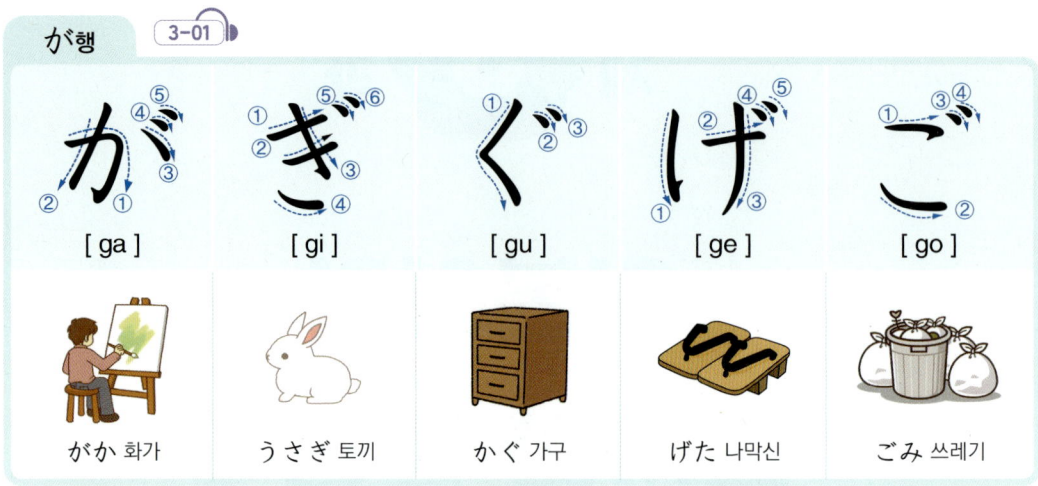

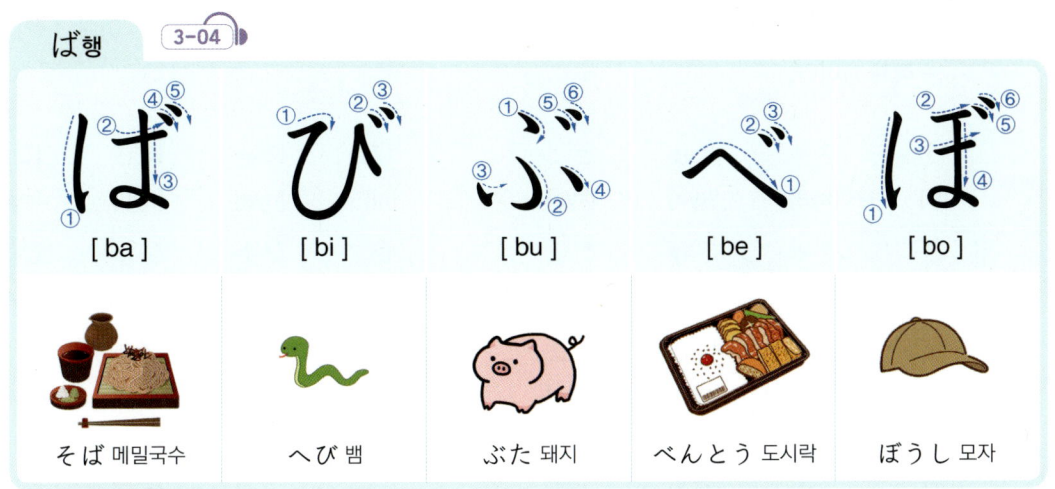

✓ 히라가나 읽기 4　　반탁음

✓ 히라가나 읽기 5 요음

い단의 히라가나에 「や」, 「ゆ」, 「よ」를 붙입니다. 두 글자이지만 하나의 음절입니다. 이때, 「や」, 「ゆ」, 「よ」는 작게 씁니다.

き	きゃ	きゅ	きょ		に	にゃ	にゅ	にょ
[ki]	[kya]	[kyu]	[kyo]		[ni]	[nya]	[nyu]	[nyo]
ぎ	ぎゃ	ぎゅ	ぎょ		ひ	ひゃ	ひゅ	ひょ
[gi]	[gya]	[gyu]	[gyo]		[hi]	[hya]	[hyu]	[hyo]
し	しゃ	しゅ	しょ		び	びゃ	びゅ	びょ
[shi]	[sha]	[shu]	[sho]		[bi]	[bya]	[byu]	[byo]
じ	じゃ	じゅ	じょ		ぴ	ぴゃ	ぴゅ	ぴょ
[ji]	[ja]	[ju]	[jo]		[pi]	[pya]	[pyu]	[pyo]
ち	ちゃ	ちゅ	ちょ		み	みゃ	みゅ	みょ
[chi]	[cha]	[chu]	[cho]		[mi]	[mya]	[myu]	[myo]
ぢ	ぢゃ	ぢゅ	ぢょ		り	りゃ	りゅ	りょ
[ji]	[ja]	[ju]	[jo]		[ri]	[rya]	[ryu]	[ryo]

• 다음 단어를 읽어 봅시다.

しゃしん 사진 / かいしゃいん 회사원 / おちゃ 차 / ひゃく 백
きょう 오늘 / にんじゃ 닌자 / びょういん 병원 / りょうり 요리
じゅう 십 / ちょきん 저금 / しゅふ 주부 / ぎゅうにゅう 우유

✓ 히라가나 읽기 6 발음

「ん」의 발음은 뒤에 오는 음에 따라 소리가 달라집니다.

❶ [m] 발음 : 「ん」 뒤에 「ま、ば、ぱ」 행이 올 때

| さんぽ [sampo] 산책 | こんばん [kombaN] 오늘 밤  |

❷ [n] 발음 : 「ん」 뒤에 「さ、ざ、た、だ、な、ら」 행이 올 때

| かんじ [kanji] 한자 | はんたい [hantai] 반대 |

❸ [ŋ] 발음 : 「ん」 뒤에 「か、が」 행이 올 때

| かんこく [kaŋkoku] 한국  | ぎんこう [giŋko] 은행  |

❹ [N] 발음 : 「ん」 뒤에 「あ、は、や、わ」 행이 올 때, 「ん」으로 끝날 때

| にほん [nihoN] 일본  | でんわ [deNwa] 전화 |

✓ 히라가나 읽기 7 촉음

「っ」를 작게 표기합니다. 뒤에 오는 글자의 자음이 앞 글자의 받침이 됩니다.

❶ [k] 받침 : 「か」 행 앞에서

| がっき [gakki] 악기  | にっき [nikki] 일기 |

❷ [s] 받침 : 「さ」 행 앞에서

| ざっし [zasshi] 잡지 | しゅっせ [shusse] 출세 |

❸ [t] 받침 : 「た」 행 앞에서

| ばった [batta] 메뚜기  | いっち [icchi] 일치  |

❹ [p] 받침 : 「ぱ」 행 앞에서

| きっぷ [kippu] 차표 | いっぱい [ippai] 가득  |

✓ 히라가나 읽기 8 장음 3-09

모음을 길게 늘여 발음합니다.

❶ a+a → [a :]

おばさん
고모, 이모, 아주머니

おばあさん
할머니

❷ i+i → [i :]

おじさん
삼촌, 아저씨

おじいさん
할아버지

❸ u+u → [u :]

ゆき
눈

ゆうき
용기

❹ e+e → [e :] / e+i → [e :]

おねえさん
누나, 언니

えいが
영화

せんせい
선생님

めいろ
미로

❺ o+o → [o :] / o+u → [o :]

おおきい
크다

おはよう
안녕(아침 인사)

おとうさん
아버지

いもうと
여동생

연습해 봅시다 1

A

두 사람 중 한 사람은 (45페이지)를, 한 사람은 ⓑ(46페이지)를 보고 예와 같이 빈칸 부분을 서로 질문하면서 표를 완성하세요.

> 예
> A 「が」は なんですか。「が」는 무엇입니까?
> B 「が」は ぶた です。「が」는 '돼지'입니다.

예 が	び	ざ	ぶ	ぐ
?	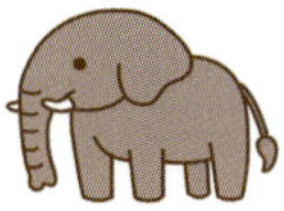 🐘	?	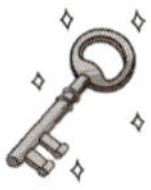 🔑	?
ぶた	ぞう		かぎ	

だ	ぎ	で	ぜ	ぴ
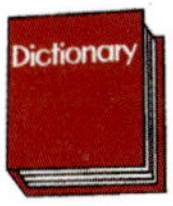 📕	?	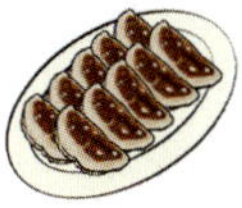 🥟	?	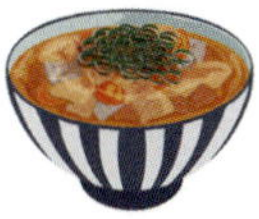 🍲
じしょ		ぎょうざ		どんぶり

ぼ	ず	ど	ば	じ
?	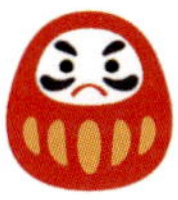 🎎	?	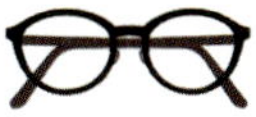 👓	?
	だるま		めがね	

ぞ	げ	ぺ	ご	ぱ
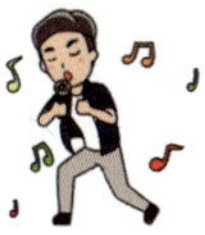 🎤	?	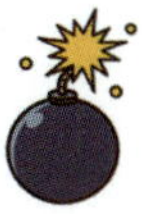 💣	?	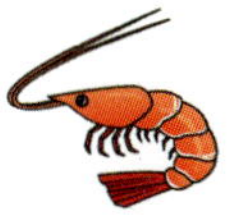 🦐
かしゅ		ばくだん		えび

B

두 사람 중 한 사람은 Ⓐ(45페이지)를, 한 사람은 Ⓑ(46페이지)를 보고 예와 같이 빈칸 부분을 서로 질문하면서 표를 완성하세요.

> **예**
> A 「が」は なんですか。 「が」는 무엇입니까?
> B 「が」は ぶたです。 「が」는 '돼지'입니다.

が	び	ざ	ぶ	ぐ
ぶた		ごみ		はなぢ

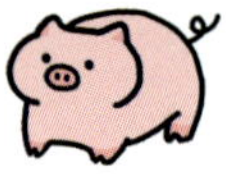

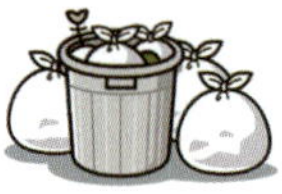

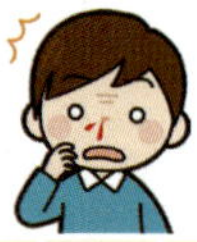

だ	ぎ	で	ぜ	ぴ
	べんとう		おちゃ	

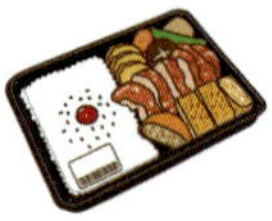

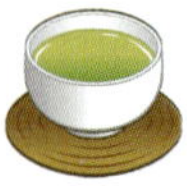

ぼ	ず	ど	ば	じ
ちゅうごく		かば		まど

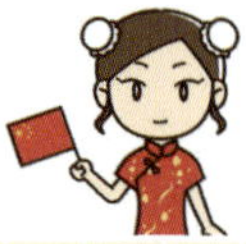

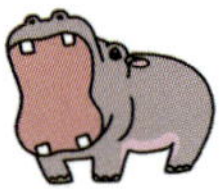

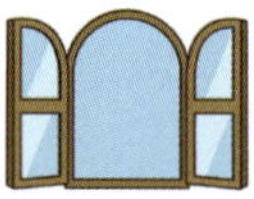

ぞ	げ	ぺ	ご	ぱ
	にんじゃ		さんぽ	

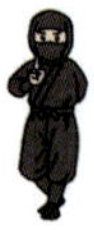

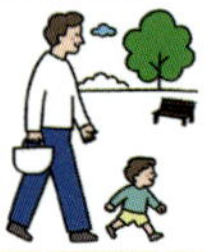

연습해 봅시다 2

1 다음 히라가나를 쓰고 나머지 넷과 행이 다른 것을 하나 고르세요.

예	あ	い	う	え	(そ)
①	じ	で	ど	だ	づ
②	ず	ぞ	ぜ	ざ	ぢ
③	ぽ	ぴ	げ	ぷ	ぺ
④	び	ぶ	ぼ	ぐ	ば
⑤	べ	げ	ぎ	ご	が

2 히라가나를 ぴばござ ▶ ぴばござ ▶ …… 순서로 연결하여 미로를 완성하세요.

ぴ	ご	ざ	ば	ぴ	ば	ご	ざ	ば
ば	ご	ば	ざ	ぴ	ぴ	ご	ぴ	ざ
ざ	ざ	ば	ご	ご	ざ	ば	ば	ざ
ば	ぴ	ご	ぴ	ば	ざ	ざ	ご	ば
ご	ご	ざ	ざ	ば	ご	ぴ	ぴ	ご
ざ	ぴ	ば	ご	ぴ	ざ	ば	ご	ぴ
ご	ざ	ざ	ぴ	ざ	ご	ざ	ざ	ば
ざ	ぴ	ば	ご	ご	ぴ	ざ	ぴ	ば
ご	ば	ざ	ば	ぴ	ご	ば	ご	ご

도전! 일본 퀴즈

퀴즈 09 　 고령화

65세 이상의 고령자 비율이 인구의 7%를 넘은 사회를 '고령화 사회'라고 하고, 인구의 14%를 넘은 사회를 '고령 사회'라고 하며, 인구의 21%를 넘은 사회를 '초고령 사회'라고 합니다. 일본은 1970년부터 고령화 사회에 돌입하여 1995년에는 고령 사회, 2010년에는 초고령 사회가 되었습니다. 고령화가 진행된 요인으로는 의료 기술의 발전과 출생률 저하를 들 수 있습니다. 최근에는 고령 운전자에 의한 교통사고가 해마다 증가하고 있기 때문에 운전 면허의 자진 반납을 호소하는 움직임도 있습니다. 일본에서는 고령 운전자에 대한 주위의 배려를 촉구하기 위하여 70세 이상 운전자의 자동차에는 고령자 마크 부착을 권장하고 있습니다.

그럼, 고령자 마크는 다음 중 어느 것일까요?

①  　 ② 　 ③  　 ④

퀴즈 10 　 天皇(덴노)

일본 헌법에는 「天皇(덴노)」는 일본 및 일본 국민 통합의 상징으로 의례적인 국사에 관한 행위를 행하고, 국정에 관한 권능은 가지고 있지 않다고 명시되어 있습니다. 메이지 시대(1868-1912) 전까지 덴노의 주거지는 교토였지만 지금은 도쿄에 황궁이 있어 덴노 일가의 주거, 궁내청 청사, 궁전 등이 있습니다. 덴노는 내각의 조언과 승인에 따라 법률과 조약의 교부, 국회 소집이나 중의원 해산, 훈장 수여, 외국 대사 접견 등의 국사 행위를 하고, 여러 식전에 참가합니다. 재해지나 복지 시설을 방문하여 국민을 격려하기도 합니다. 또한, 일본 전통 문화를 계승하는 역할도 하고 있습니다. 일본에서는 연도를 표기할 때 서기도 사용하지만, 일본 연호를 많이 사용합니다. 에도 시대(1603-1868)까지는 천재지변이 있으면 연호를 바꾸기도 했습니다. 하지만, 메이지 이후에는 덴노 1대에 하나의 연호를 사용하게 되었습니다. 「明治(메이지)」, 「大正(다이쇼)」, 「昭和(쇼와)」, 「平成(헤이세이)」를 거쳐, 2019년 5월 1일부터는 「令和(레이와)」라는 연호를 사용하고 있습니다. 각종 서류의 날짜나 생일도 일본 연호로 표기하는 경우가 많습니다.

그럼, 「令和(레이와)」를 사용하기 전의 「平成(헤이세이)」는 몇 년까지 있었을까요?

① 5년　　　② 31년　　　③ 64년　　　④ 72년

퀴즈 11 　일본 수상(내각 총리대신)

한국 대통령은 국민의 직접 선거로 뽑지만 일본 수상을 뽑는 제도는 다릅니다. 수상은 국민의 직접 선거로 뽑힌 국회의원 중에서 선출됩니다. 정당 안에서 수상 후보가 되어, 국회에서 수상으로 지명됩니다. 그래서 실질적으로는 여당의 후보가 수상이 됩니다. 일본 국회는 '중의원'과 '참의원'의 양원제입니다. 국회에서 지명 받은 후 「天皇(덴노)」로부터 임명을 받아 수상으로 취임합니다. 수상 제도는 1885년부터 시작되어 오랜 역사가 있습니다.

그럼, 수상의 임기는 몇 년일까요?

① 2년　　　② 3년　　　③ 5년　　　④ 정해지지 않음

퀴즈 12 　간토 지방과 간사이 지방

일본은 지역에 따라 다양한 문화와 전통이 있습니다. 그 중에서도 도쿄 중심의 간토 지방과 오사카 중심의 간사이 지방의 문화와 생활 습관이 자주 비교됩니다. 생활 습관의 차이로는 에스컬레이터를 탈 때 간토 지방에서는 일반적으로 좌측에 섭니다만, 간사이 지방에서는 우측에 섭니다. 언어의 차이도 있습니다. 한국에서도 식당에서

▶도쿄　　▶오사카

회를 먹을 때 메인 요리 전에 나오는 요리를 「つきだし(쓰키다시)」라고 하는데, 이것은 주로 간사이 지방에서 사용하는 말입니다. 간토 지방에서는 「おとおし(오토시)」라고 합니다. 또한 튀김 부스러기가 들어간 우동을 간토 지방에서는 「たぬきうどん(다누키 우동)」이라고 하고 간사이 지방에서는 「ハイカラうどん(하이카라 우동)」이라고 합니다. 그런데 간토 지방과 간사이 지방의 차이점으로 자주 화제가 되는 것이 「マクドナルド(맥도날드)」를 부르는 말입니다. 간토 지방에서는 「マック(맛쿠)」라고 부르는 사람이 많습니다.

그럼, 간사이 지방에서는 맥도날드를 어떻게 부르는 사람이 많을까요?

① マクド (마쿠도)
② ナルド (나루도)
③ ドナルド (도나루도)
④ マナルド (마나루도)

정리해 봅시다

1 다음 빈칸에 작은 「ゃ」「ゅ」「ょ」 중 알맞은 것을 써서 단어를 완성하세요.

2 다음 빈칸에 작은 「っ」를 써서 단어를 완성하세요.

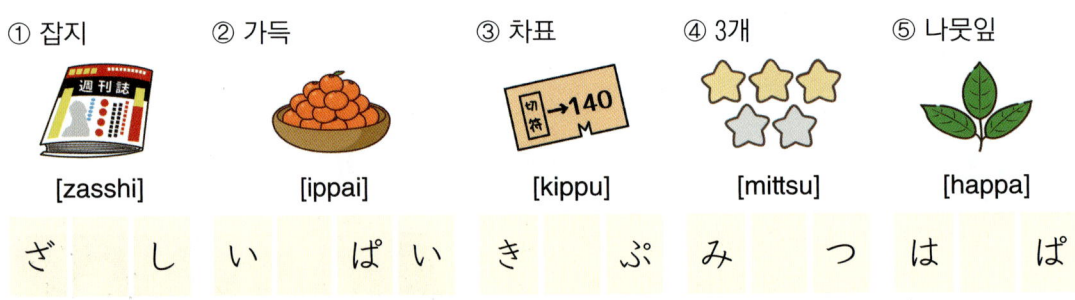

3 다음 단어를 써 보세요.

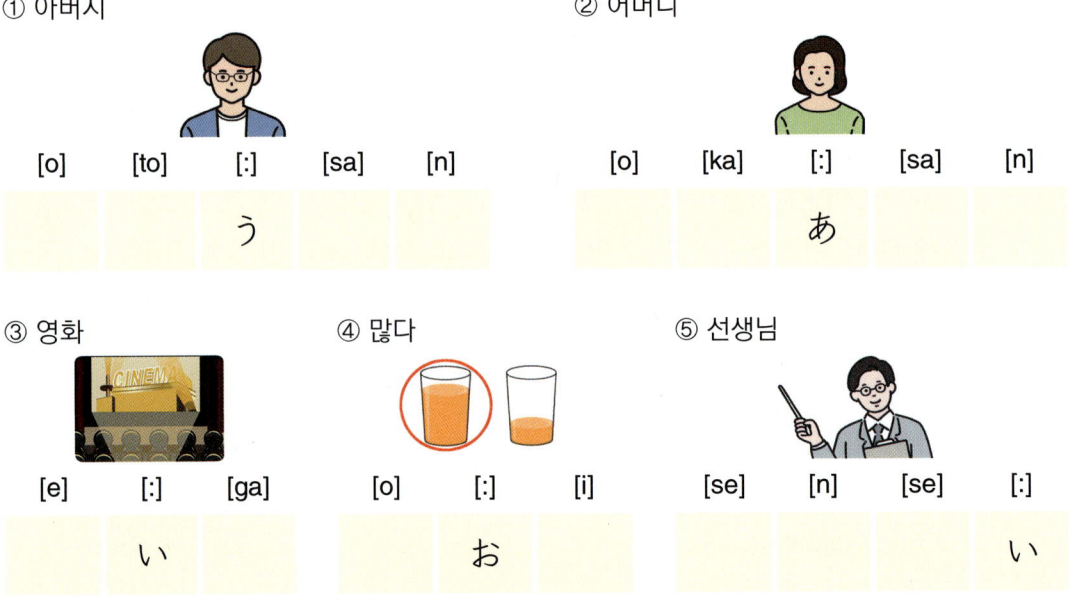

4 다음 빈칸에 알맞은 히라가나를 보기에서 골라 쓰세요.

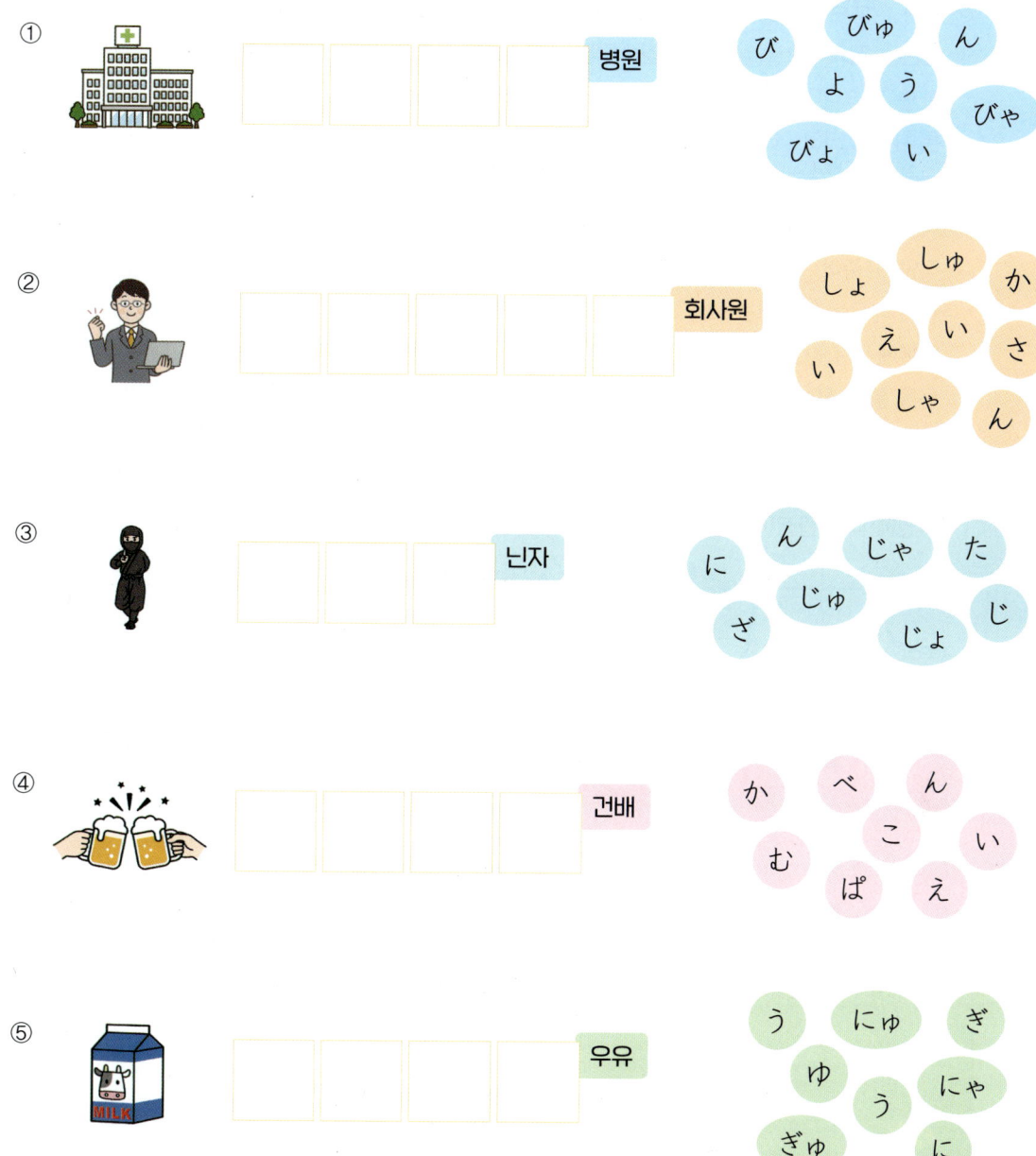

😊 방언 : 다양한 일본어

일본은 지리적으로 남북으로 긴 나라입니다. 그만큼 지역에 따라 다양한 문화적인 특색을 볼 수 있습니다. 언어도 그렇습니다. 일본어는 어휘, 문법, 악센트 등 모든 면에서 지역에 따른 차이가 크고 다양한 방언이 존재합니다.

메이지 시대(1868-1912)에 '표준어'를 정비하려는 움직임이 있었습니다. 그때 수도인 도쿄의 교양층 사람들이 사용하고 있던 말을 '표준어'로 정하려고 했습니다. 현재 일본에는 공식적인 '표준어' 규정은 없지만, 도쿄에서 사용하는 말이 '공통어'로 인식되고 있습니다. 여러분이 배우는 일본어는 도쿄를 중심으로 하는 간토 지방에서 사용하는 일본어입니다.

일본에서는 방언을 「～弁(벤)」이라고 합니다. 여러 방언 중에서 여러분이 일본 TV나 영화 등을 통해 접할 기회가 많은 것은 오사카를 중심으로 한 간사이 지역의 '간사이 벤'입니다. 간사이 출신 탤런트나 배우가 '간사이 벤'으로 만담이나 연기를 보여 주기도 합니다. 수업에서 배운 일본어와는 어휘나 악센트가 다르기 때문에 느낌도 다르겠지요. 최근에는 각지의 방언에 대한 관심이 높아지고 있습니다. 일본에 가면 다양한 방언을 즐겨 봅시다.

	공통어	간사이 벤
고마워요	ありがとう(아리가토)	おおきに (오키니)
얼마	いくら(이쿠라)	なんぼ (남보)
안 돼	だめ(다메)	あかん (아칸)
정말	ほんとう(혼토)	ほんま (홈마)

음성듣기

제 4 과

はじめまして

처음 뵙겠습니다

----- 주요 학습 내용 -----

회화1
- 명사+です ~입니다
- 명사+から ~에서

회화2
- 명사+は 명사+です ~은/는 ~입니다
- 명사+ですか ~입니까?
- 명사+じゃ ありません ~이/가 아닙니다
- 명사+も ~도

들어봅시다 1

▶ 음성을 듣고 다음 단어의 알맞은 히라가나 표기를 선택하세요.

1 저

① ☐ わたし
② ☐ わだし

2 한국

① ☐ かんこく
② ☐ かんごく

3 중국

① ☐ ちゅごく
② ☐ ちゅうごく

4 자, 부디

① ☐ どうぞ
② ☐ どうじょ

5 선생님

① ☐ せんせえ
② ☐ せんせい

6 고등학생

① ☐ こうこうせい
② ☐ こうきょうせい

7 1학년

① ☐ いちれんせい
② ☐ いちねんせい

8 대학생

① ☐ だいがくせい
② ☐ だいがっせい

9 회사원

① ☐ かいさいん
② ☐ かいしゃいん

배워봅시다 1

회화1 국제 교류회에서 4-02

パク スジン　はじめまして。パク スジンです。
하지메마시테　박　수진데스

　　　　　　　韓国から きました。
　　　　　　　캉코쿠카라　키마시타

　　　　　　　どうぞ よろしく おねがいします。
　　　　　　　도-조　요로시쿠　오네가이시마스

すずき けんた　はじめまして。すずき けんたです。
　　　　　　　하지메마시테　스즈키　켄타데스

　　　　　　　こちらこそ どうぞ よろしく。
　　　　　　　코치라코소　도-조　요로시쿠

표현

① はじめまして 처음 뵙겠습니다

처음으로 만난 사람에게 자기소개를 할 때는 「はじめまして」로 시작합니다.

② どうぞ よろしく おねがいします 부디 잘 부탁합니다

「どうぞ よろしく おねがいします」는 매우 정중한 표현이고, 「よろしく おねがいします」도 정중한 표현입니다.
친한 상대에게는 「どうぞ よろしく」나 「よろしく」라고 말하며, 주로 동년배나 손아랫사람에게 말합니다.

③ こちらこそ 이쪽이야말로

「ありがとう ございます(감사합니다)」, 「すみません(죄송합니다)」, 「よろしく おねがいします(잘 부탁합니다)」 등의 표현에 대해서 「こちらこそ」라고 대답합니다.

단어 및 표현

パク スジン 박수진(이름)　はじめまして 처음 뵙겠습니다　～です ~입니다　かんこく(韓国) 한국
～から ~에서, ~(으)로부터　きました 왔습니다　どうぞ 부디, 자　よろしく 잘　おねがいします 부탁합니다
すずき けんた 스즈키 켄타(이름)　こちらこそ 이쪽이야말로

제4과 はじめまして

배워봅시다 1

문법

1 명사 + です ~입니다

① すずきです。
② 韓国です。
③ 中国です。

2 명사 + から ~에서

'~에서 왔습니다'는「~から きました」라고 말합니다.

① 韓国から きました。
② 日本から きました。
③ 中国から きました。

✿ 「わたしは」란 말은 별로 사용하지 않는다!?

일본어로 회화를 할 때는「わたしは(저는)」와 같은 주어를 생략하는 경우가 많습니다. 주어를 생략해도 문맥이나 상황을 통해 누가 이야기하고 있는지 알 수 있기 때문입니다. 자기소개를 하는 상황에서도「わたしは 大学生です(저는 대학생입니다)」,「わたしは 韓国から きました(저는 한국에서 왔습니다)」라고 말하기 보다「大学生です(대학생입니다)」,「韓国から きました(한국에서 왔습니다)」라고 말하는 것이 자연스럽습니다. 또한 한 번 주어를 제시하면 그 다음에는 생략하는 것이 일반적입니다.

단어 및 표현

すずき 스즈키(일본인의 성씨)   ちゅうごく(中国) 중국   にほん(日本) 일본

연습해 봅시다 1

1 예와 같이 말해 보세요. 4-03

> 예
>
> はじめまして。パクです。韓国から きました。
> 처음 뵙겠습니다. 박입니다. 한국에서 왔습니다.

パク / 韓国

① キム / 韓国 　② すずき / 日本 　③ ワン / 中国

2 예와 같이 서로 자기 소개를 해 보세요. 4-04

> 예
>
> A　はじめまして。＿＿(이름)＿＿です。
> 　　＿＿(나라/지역)＿＿から きました。
> 　　どうぞ よろしく おねがいします。
> B　はじめまして。＿＿(이름)＿＿です。
> 　　こちらこそ どうぞ よろしく。

단어 및 표현

キム 김(한국인의 성씨)　　ワン 왕(중국인의 성씨)　　パク 박(한국의 성씨)

들어봅시다 2

국가

▶ 음성을 듣고 빈칸에 알맞은 히라가나를 쓰세요. 4-05

1 캐나다 ___なだ
2 베트남 べ___なむ
3 태국 た___
4 영국 いぎ___す
5 프랑스 ___らんす
6 독일 どい___
7 미국 あ___りか
8 호주 おーす___らりあ

직업

▶ 음성을 듣고 알맞은 히라가나 표기를 선택하여 선으로 연결하세요. 4-06

1 공무원 ●   ● かんごし

2 의사 ●   ● びようし

3 간호사 ●   ● りょうりにん

4 요리사 ●   ● さっか

5 야구 선수 ●   ● こうむいん

6 미용사 ●   ● かしゅ

7 가수 ●   ● やきゅう せんしゅ

8 작가 ●   ● いしゃ

배워봅시다 2

회화2 국제교류회에서 4-07

すずき けんた　パクさんは こうこうせいですか。
　　　　　　　박상와　　　코-코-세-데스카

パク スジン　いいえ、こうこうせいじゃ ありません。
　　　　　　이-에　　　코-코-세-쟈　　　　아리마센

　　　　　　大学生です。大学 1年生です。
　　　　　　다이가쿠세-데스　　다이가쿠 이치넨세-데스

すずき けんた　わたしも 大学 1年生です。
　　　　　　　와타시모　　다이가쿠 이치넨세-데스

표현

① ～さん ~씨

일본에서는 상대방의 성명에 「さん」을 붙여서 경의를 나타내며 부릅니다.
성씨에 「さん」을 붙여서 「すずきさん」, 「きむらさん」, 「やましたさん」처럼 부르는 것이 일반적이고, 편한 관계가 되면 「けんたさん」, 「ゆみさん」과 같이 이름에 「さん」을 붙여서 부르기도 합니다.

② はい/いいえ 네/아니요

긍정의 대답을 할 때는 「はい」, 부정의 대답을 할 때는 「いいえ」를 사용합니다.

단어 및 표현

～さん ~씨　　こうこうせい 고등학생　　～ですか ~입니까?　　いいえ 아니요
～じゃ ありません ~이/가 아닙니다　　だいがくせい(大学生) 대학생　　だいがく(大学) 대학교
いちねんせい(1年生) 1학년　　わたし 나, 저　　～も ~도

문법

① 명사 + は 명사 + です ~은/는 ~입니다

① わたしは 大学生です。
② たなかさんは せんせいです。
③ パクさんは 韓国人です。

② 명사 + ですか ~입니까?

① パクさんは こうこうせいですか。
② けんたさんは 大学生ですか。
③ すずきさんは 日本人ですか。

③ 명사 + じゃ ありません ~이/가 아닙니다

「~じゃ ありません」은 「~です」의 부정 표현으로 「~では ありません」의 준말이며, 회화체입니다.

① こうこうせいじゃ ありません。
② わたしは かいしゃいんじゃ ありません。
③ パクさんは 中国人じゃ ありません。

④ 명사 + も ~도

명사 뒤에 붙여서 그 명사도 같은 부류임을 나타냅니다.

① わたしも 大学 1年生です。
② すずきさんも かいしゃいんですか。
③ パクさんも 韓国人です。

단어 및 표현

たなか 다나카(일본인의 성씨)   せんせい 선생님   かんこくじん(韓国人) 한국인   にほんじん(日本人) 일본인
かいしゃいん 회사원   ちゅうごくじん(中国人) 중국인

연습해 봅시다 2

1 예와 같이 대화해 보세요. 4-08

> 예
>
> A ⓐすずきさんは ⓑ大学生ですか。
> 스즈키 씨는 대학생입니까?
>
> B はい、そうです。ⓑ大学生です。
> 네, 그렇습니다. 대학생입니다.
>
>
> ⓐすずきさん ⓑ大学生

①
ⓐ たなかさん
ⓑ 日本人

②
ⓐ キムさん
ⓑ 韓国人

③
ⓐ きむらさん
ⓑ せんせい

④
ⓐ パクさん
ⓑ かいしゃいん

2 예와 같이 대화해 보세요. 4-09

> 예
>
> A ⓐたなかさんは ⓑ韓国人ですか。
> 다나카 씨는 한국인입니까?
>
> B いいえ、ⓑ韓国人じゃ ありません。ⓒ日本人です。
> 아니요, 한국인이 아닙니다. 일본인입니다.
>
>
> ⓐ たなかさん
> ⓑ 韓国人
> ⓒ 日本人

①
ⓐ ワンさん
ⓑ 韓国人
ⓒ 中国人

② ⓐ キムさん
ⓑ 日本人
ⓒ 韓国人

③
ⓐ すずきさん
ⓑ かいしゃいん
ⓒ 大学生

④
ⓐ パクさん
ⓑ 大学生
ⓒ かいしゃいん

단어 및 표현

そうです 그렇습니다   きむら 기무라(일본인의 성씨)

도전! 일본 퀴즈

퀴즈 13 일본의 성씨

한국에는 약 250개의 성씨가 있다고 합니다. 한국이나 중국은 가계를 존중해 성씨를 대대로 계승해 온 역사가 있습니다. 그런데 일본은 일부 계급을 제외하고는 성씨가 없는 사람들이 많았습니다. 1875년에 정해진 법에 따라 많은 사람들이 한꺼번에 성씨를 갖게 되면서 성씨 종류가 매우 많아졌습니다.

그럼, 일본의 성씨는 몇 개 있을까요?

① 약 500개　　② 약 8,000개　　③ 약 7만 개　　④ 약 30만 개

퀴즈 14 이사와 집들이 선물

일본에서는 3월이 이사철입니다. 새로운 집으로 이사하면 이웃집을 인사차 방문합니다. 앞으로 이웃사람들과 사이 좋게 지내기 위한 지혜라고 할 수 있겠지요. 옛날에는 이사 선물로 이웃사람들에게 '메밀국수'를 건넸습니다. 메밀국수는 가늘고 길기 때문에 '오래도록 잘 지냈으면 합니다'라는 의미가 담겨 있습니다. 최근에는 서로 부담스럽지 않은 과자나 쿠키, 커피와 같은 식품을 전하는 것이 일반적입니다. 또한, 일본에서도 이사한 지인에게 선물을 하는 일이 많습니다.

그럼, 다음 중 일본에서 집들이 선물로 적절치 않은 것은 무엇일까요?

① 휴지　　② 세제 세트　　③ 붉은 장미 꽃다발　　④ 커피메이커

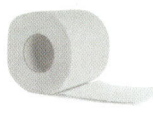   

퀴즈 15   부카쓰(클럽 활동)

일본에서는 초등학교 4학년 이상이 되면 많은 학생들이 클럽 활동을 합니다. 중·고등학교에서는 이를 「部活(부카쓰)」라고 부르며, 학교 교육의 일부로 생각합니다. 참여 여부는 자유이고 학생들이 각자 좋아하는 것을 선택할 수 있습니다. 체육계열은 야구부·농구부·축구부·테니스부·유도부·검도부 등이 있고, 문화계열은 미술부·서예부·합창부·밴드부·연극부, 그리고 화학부·생물부 등이 있습니다. 문화계열은 주로 학교 축제에서 활동 성과를 발표합니다. 또한, 각종 콩쿠르에서 우수한 성적을 거두기 위해서 열심히 연습을 하기도 합니다. 체육계열은 스포츠를 통해 체력을 향상시킴과 동시에 인격을 함양하고, 각종 대회에서 좋은 성적을 거두는 것을 목표로 하고 있습니다. 체육계열 중에서는 야구부가 가장 인기가 많습니다. 특히 봄과 여름에 고시엔(甲子園) 야구장에서 열리는 '전국고등학교 야구선수권대회'는 전국에 생중계되고 많은 관심과 사랑을 받고 있습니다.

그럼, 학교에서 어떤 부카쓰에도 속하지 않은 학생들을 일반적으로 뭐라고 부를까요?

① 自宅警備部(자택 경비부) 　　② 帰宅部(귀가부)
③ 全力入試部(전력 입시부) 　　④ ぼっち部(외톨이부)

퀴즈 16   합격 기원

일본은 대학 입시를 1월 말부터 2월 말에 걸쳐서 치릅니다. 합격을 기원하러 신사에 가는 수험생도 많습니다. 그리고 그 기간에는 「おちる(떨어지다)」, 「すべる(미끄러지다)」와 같은 말은 '시험에 떨어지다'라는 말을 연상케 하기 때문에 사용하지 않도록 노력합니다. 또한 편의점이나 슈퍼에서는 수험 시즌에 맞춰 합격 기원 과자 등을 팝니다. 인기가 많은 것은 'Kit Kat'입니다. 상품명의 일본어 발음이 「きっと(꼭) かつ(이기다)」라는 말과 비슷하기 때문입니다.

그럼, 다음 중에서 합격을 의미하는 말은 무엇일까요?

① ゆき とける (눈이 녹다) 　　② ひが のぼる (해가 뜨다)
③ さくら さく (벚꽃이 피다) 　　④ うぐいす なく (꾀꼬리가 울다)

정리해 봅시다

1 예와 같이 문장을 만들어 보세요.

> 예 わたし / かいしゃいん → わたしは かいしゃいんです。

① パク(ぱく)さん / かんこくじん　→ _____

② たなかさん / にほんじん　→ _____

③ すずきさん / だいがくせい　→ _____

2 예와 같이 대화문을 만들어 보세요.

> 예 ⓐ한국인 / ⓑ일본인
> → A ⓐかんこくじんですか。
> 　 B いいえ、ⓐかんこくじんじゃ ありません。
> 　　 ⓑにほんじんです。

① ⓐ중국인 / ⓑ한국인　→ A _____
　　　　　　　　　　　　 B _____

② ⓐ대학생 / ⓑ고등학생　→ A _____
　　　　　　　　　　　　 B _____

③ ⓐ선생님 / ⓑ회사원　→ A _____
　　　　　　　　　　　　 B _____

3 다음 문장을 일본어로 작문해 보세요.

① 처음 뵙겠습니다. → _____

② 이쪽이야말로. → _____

③ 잘 부탁합니다. → _____

④ 한국에서 왔습니다. → _____

😊 4월, 새로운 생활의 시작

일본의 대학교는 대부분 4월에 학기가 시작해 다음 해 3월에 끝납니다. 사립 대학교는 학교마다 자체적으로 입학 시험을 실시하고, 국립 대학교는 우선 대학입학공통시험을 치른 뒤에 학교별로 시험을 봅니다. 이렇게 해서 희망하는 학교에 합격하면 3월에는 대학 생활을 준비합니다.

일본 대학교에는 「生協(세쿄)」라고 불리는 '대학 생활 공동 조합'이 있는 곳이 많습니다. 이곳은 학생에게 생활, 식사, 아르바이트, 주거 등 다양한 정보나 서비스를 제공하고 학생 식당이나 매점 등의 편의시설을 운영하고 있습니다.

그리고 대학생들은 서클 활동을 활발하게 합니다. 본인이 속해 있는 대학 뿐만 아니라 「インカレ(잉카레:intercollegiate)」라고 불리는 여러 대학의 학생들로 구성된 서클을 통해서 타대학과의 교류를 즐기는 경우도 있습니다.

제 4 과 단어 체크

번호	쪽	일본어	한국어
1	55	はじめまして	
2	55	～です	
3	55	かんこく	
4	55	～から	
5	55	きました	
6	55	どうぞ	
7	55	よろしく	
8	55	おねがいします	
9	55	こちらこそ	
10	56	ちゅうごく	
11	56	にほん	
12	59	～さん	
13	59	こうこうせい	
14	59	～ですか	
15	59	いいえ	
16	59	～じゃありません	
17	59	だいがくせい	
18	59	だいがく	
19	59	いちねんせい	
20	59	わたし	
21	59	～も	
22	60	せんせい	

번호	쪽	일본어	한국어
23	60	かんこくじん	
24	60	にほんじん	
25	60	かいしゃいん	
26	60	ちゅうごくじん	
27	61	そうです	

		관련 어휘	
28	58	かんごし	
29	58	りょうりにん	
30	58	いしゃ	

음성 듣기

제 5 과

これは 何(なん)ですか

이것은 무엇입니까?

주요 학습 내용

회화1
- 지시대명사 「これ・それ・あれ・どれ」 (물건을 가리키는 말)
- 何(なん)ですか 무엇입니까?
- 명사1 + の + 명사2 ~의 ~ (종류, 소속 등을 나타내는 「の」)

회화2
- 지시대명사 「ここ・そこ・あそこ・どこ」 (장소를 가리키는 말)
- 명사1 + の + 명사2 ~의 ~ (소유를 나타내는 「の」)

들어봅시다 1

▶ 음성을 듣고 다음 단어의 알맞은 히라가나 표기를 선택하세요.

1 일본어

① ☐ にほんご
② ☐ におんご

2 교과서

① ☐ きょかしょ
② ☐ きょうかしょ

3 영어

① ☐ えいご
② ☐ ええご

4 신문

① ☐ しんぶん
② ☐ しんむん

5 화장품

① ☐ けしょひん
② ☐ けしょうひん

6 잡지

① ☐ ざっし
② ☐ じゃっし

7 부엌

① ☐ たいどころ
② ☐ だいどころ

8 욕실

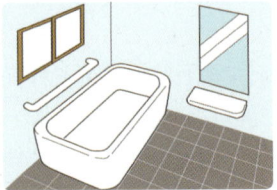

① ☐ おうろ
② ☐ おふろ

9 전화

① ☐ てんわ
② ☐ でんわ

배워봅시다 1

회화1 켄타 집에서 5-02

パク スジン　おみやげです。どうぞ。

すずき けんた　あ、どうも。これは 何ですか。

パク スジン　それは 韓国の おかしです。

すずき けんた　おかしですか。うれしいです。
　　　　　　　どうも ありがとう ございます。

표현

1 どうぞ　어서 (~하세요)

무언가를 권유하거나 행동을 유도하는 말입니다.「どうぞ うけとって ください(어서 받으세요)」,「どうぞ めしあがって ください(어서 드세요)」,「どうぞ はいって ください(어서 들어오세요)」,「どうぞ すわって ください(어서 앉으세요)」와 같이 사용합니다.

2 どうも　대단히 (감사합니다)

「どうも ありがとう ございます(대단히 감사합니다)」,「どうも すみません(정말 죄송합니다)」 등 뒤에 감사나 사과의 표현이 이어지는 말입니다.「どうも」만으로 사용하는 경우도 많습니다.

3 おみやげ　선물, 기념품

자신이 살고 있는 곳이나 여행지에서 산 선물이나 기념품을 「おみやげ」라고 합니다. 생일이나 기념일에 주는 선물은 「プレゼント」 또는 「おくりもの」라고 합니다. 또 지인 집을 방문할 때 가지고 가는 음식이나 음료 등은 「てみやげ」라고 합니다.

단어 및 표현

おみやげ 선물, 기념품　どうぞ 어서　どうも 대단히(감사합니다)　これ 이것
なんですか(何ですか) 무엇입니까?　それ 그것　おかし 과자　うれしいです 기뻐요
ありがとう ございます 감사합니다

제5과 これは 何ですか　69

문법

❶ 지시대명사(물건을 가리키는 말)

이것	그것	저것	어느 것
これ	それ	あれ	どれ

말하는 사람의 영역에 있는 물건을 가리켜서 「これ」, 상대방 영역에 있는 물건을 가리켜서 「それ」, 쌍방에서 먼 곳에 있는 물건을 가리켜서 「あれ」라고 합니다. 그리고 질문을 하는 경우는 「どれ」라고 합니다.

❷ 何(なん)ですか 무엇입니까?

① これは 何(なん)ですか。
② それは 何(なん)ですか。
③ あれは 何(なん)ですか。

❸ 명사1 + の + 명사2 ~의 ~ (종류, 소속 등을 나타내는 「の」)

① 韓国(かんこく)の おかしです。
② これは 日本語(にほんご)の きょうかしょです。
③ それは 英語(えいご)の しんぶんです。

❀ 「の」에 주의합시다.

일본어는 명사와 명사를 연결할 때 조사 「の」를 붙입니다. 한국어로는 '일본어 선생님'이라고 하지만 일본어로는 「日本語先生(にほんごせんせい)」라고 하지 않고 「日本語(にほんご)の 先生(せんせい)」라고 말합니다. 단, '오렌지 주스'와 같이 하나의 명사로 사용되는 경우에는 「オレンジ(おれんじ)の ジュース(じゅーす)」라고 하지 않고 「オレンジ ジュース(おれんじ じゅーす)」라고 말하는 것이 자연스럽습니다.

단어 및 표현

あれ 저것　どれ 어느 것　にほんご(日本語) 일본어　きょうかしょ 교과서　えいご(英語) 영어
しんぶん 신문

연습해 봅시다 1

1 예와 같이 그림을 가리키며 대화해 보세요. 5-03

> 예
> A それは 何(なん)ですか。 그것은 무엇입니까?
> B これは 本(ほん)です。 이것은 책입니다.
>
> 예 本(ほん)
>

A ① おかし ② おちゃ ③ おさけ

B ④ チョコレート(ちょこれーと) ⑤ くすり ⑥ けしょうひん

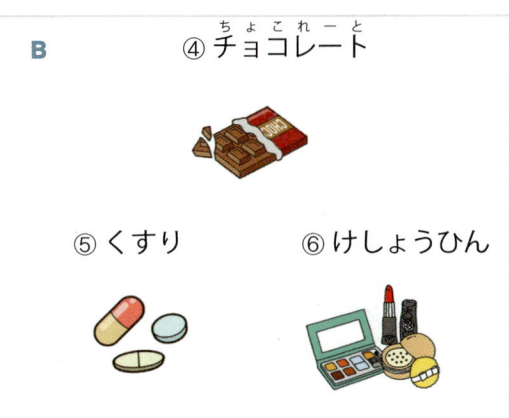

2 예와 같이 그림을 가리키며 대화해 보세요. 5-04

> 예
> A これは 何(なん)ですか。 이것은 무엇입니까?
> B それは ⓐ韓国(かんこく)の ⓑおかしです。 그것은 한국 과자입니다.
>
>
> ⓐ韓国(かんこく) ⓑおかし

①
ⓐ 英語(えいご)
ⓑ しんぶん

②
ⓐ 日本(にほん)
ⓑ ざっし

③
ⓐ 日本語(にほんご)
ⓑ きょうかしょ

④
ⓐ 日本(にほん)
ⓑ のり

단어 및 표현

ほん(本) 책   おちゃ 차   おさけ 술   チョコレート 초콜릿   くすり 약   けしょうひん 화장품
ざっし 잡지   のり 김

제5과 これは 何ですか   71

들어봅시다 2

여행 선물

▶ 음성을 듣고 빈칸에 알맞은 히라가나를 쓰세요. 5-05

1. 향수 — こ＿＿すい
2. 문구 — ぶ＿＿ぼうぐ
3. 도자기 — ＿＿きもの
4. 담배 — た＿＿こ
5. 가방 — ＿＿ばん
6. 액세서리 — あ＿＿せさりー
7. 잡화 — ＿＿っか
8. 열쇠고리 — きーほ＿＿だー

집

▶ 음성을 듣고 알맞은 히라가나 표기를 선택하여 선으로 연결하세요. 5-06

1. 아이 방 ● ● しゃこ
2. 침실 ● ● れいぞうこ
3. 현관 ● ● リビングルーム
4. 거실 ● ● こどもべや
5. 차고 ● ● げんかん
6. 에어컨 ● ● ほんだな
7. 냉장고 ● ● エアコン
8. 책장 ● ● しんしつ

배워봅시다 2

회화2 켄타 집에서 5-07

すずき けんた　スジンさん、どうしましたか。
パク スジン　　あのう、だいどころは どこですか。
すずき けんた　だいどころは あそこです。
パク スジン　　そうですか。ありがとう ございます。
　　　　　　　ここは？
すずき けんた　そこは わたしの へやです。

표현

① **どうしましたか** 무슨 일이 있습니까?, 무슨 일입니까?

상대에게 무슨 일이 있는지 물을 때 사용합니다. 곤란해하고 있는 사람을 보면「どうしましたか」라고 말을 걸어 보세요.

② **あのう** 저, 저어

말을 걸 때 사용합니다.

③ **そうですか** 그렇습니까

정보를 얻어서 납득했을 때는「そうですか (\)」라고「か」를 내려서 말합니다. 그리고, 의문을 제기할 때는「そうですか (/)」라고「か」를 올려서 말합니다.

단어 및 표현

どうしましたか 무슨 일이 있습니까?, 무슨 일입니까?　　あのう 저,저어　　だいどころ 부엌　　どこ 어디
あそこ 저기　　そうですか 그렇습니까　　ここ 여기　　そこ 거기　　へや 방

제5과 これは 何ですか

① 지시대명사(장소를 가리키는 말)

여기	거기	저기	어디
ここ	そこ	あそこ	どこ

① ここは だいどころです。

② そこは おふろです。

③ トイレは どこですか。

② 명사1 ＋ の ＋ 명사2 ~의~ (소유를 나타내는 「の」)

① わたしの へやです。

② パクさんの うちです。

③ あれは わたしの 車です。

🍀 3LDK란 무엇일까요?

일본의 부동산에서는 '3LDK'와 같은 용어를 쉽게 볼 수 있습니다. 이것은 집구조를 나타내는 것입니다. 숫자는 방의 개수, L은 리빙(Living), D는 다이닝(Dining), K는 키친(Kitchen)을 의미합니다. 따라서 '3LDK'는 방이 3개에 거실과 식사 공간과 주방이 있는 구조를 나타냅니다. 다른 나라에서도 이러한 부동산 용어를 사용할 것이라고 생각할 수 있지만, 사실 'LDK'는 일본식 영어입니다. 일본에서 방을 구할 때 참고하세요.

단어 및 표현

トイレ 화장실   おふろ 욕실   うち 집   くるま(車) 자동차

연습해 봅시다 2

1 예와 같이 대화해 보세요.(ⓑ는 위치 관계를 참조하여 적당한 지시대명사를 사용하세요.) 5-08

> **예**
> A ⓐトイレは どこですか。 화장실이 어디입니까?
> B ⓐトイレは ⓑあそこです。 화장실은 저기입니다.

예 トイレ　① 車
② でんわ
③ スイッチ
④ リモコン　⑤ ごみばこ

2 예와 같이 대화해 보세요. 5-09

> **예**
> A これは だれの ⓐ本ですか。 이것은 누구의 책입니까?
> B それは ⓑすずきさんの ⓐ本です。 그것은 스즈키 씨의 책입니다.
>
> ⓐ本　ⓑすずき

①
ⓐ スリッパ
ⓑ まつもと

②
ⓐ 車
ⓑ さとう

③
ⓐ きょうかしょ
ⓑ きむら

④
ⓐ スマホ
ⓑ やまだ

단어 및 표현

でんわ 전화　　スイッチ 스위치　　リモコン 리모컨　　ごみばこ 쓰레기통　　だれ 누구　　スリッパ 슬리퍼
まつもと 마쓰모토(일본인의 성씨)　　さとう 사토(일본인의 성씨)　　スマホ 스마트폰　　やまだ 야마다(일본인의 성씨)

제5과 これは 何ですか

도전! 일본 퀴즈

퀴즈 17 연말연시

일본의 연말은 새해맞이 준비로 매우 바쁩니다. 대청소를 하고 장식물이나 설날에 먹을 요리를 준비하기도 하고, 연하장을 보내기도 합니다. 12월 31일 밤에는 일년 동안의 번뇌를 씻어내는 의미로 절에서 종을 108번 칩니다. 그리고 일본에서는 일년 동안의 액운을 막는다는 의미로 12월 31일에 먹는 요리가 있습니다.

그것은 무엇일까요?

① 소면　　　② 우동　　　③ 떡국　　　④ 메밀국수

퀴즈 18 정월

일본에서는 새해 1월을 「正月(쇼가쓰)」라고 합니다. 지역에 따라서 관습이 다르지만, '쇼가쓰'에는 풍작이나 가족의 건강을 가져다 주는 새해의 신을 맞이하기 위한 행사가 있습니다. 신이 집을 잘 찾아 올 수 있도록 소나무와 대나무 등으로 만든 「門松(가도마쓰)」를 문 앞에 장식합니다. 그리고, 1월 1일에는 신사를 찾아 참배하며 새해의 안녕과 행복을 빕니다. 또, 연말에 준비한 「お節(오세치)」라는 신년 요리와 「おとそ(오토소)」라는 술과 「おぞうに(오조니)」라는 떡국을 가족이 모여서 먹습니다. '오세치'는 행운을 상징하는 재료들로 만듭니다.

그럼, 오세치에 들어가는 재료 중, '더 좋은 미래'를 의미하는 것은 무엇일까요?

① 연근　　　② 새우　　　③ 검은콩　　　④ 연어알

▶가도마쓰　　　▶오세치　　　▶오조니

퀴즈 19 — 節分(세쓰분)

일본에서는 입춘 전날을 「節分(세쓰분)」이라고 합니다(대체로 양력 2월 3일 전후). 옛날부터 이 날에는 재앙을 쫓는 풍습이 있습니다. 집 안팎에 "오니와 소토 후쿠와 우치(악귀는 밖으로 복은 안으로)"라고 외치면서 볶은 콩을 뿌려 병이나 재해를 쫓습니다. 최근에는 세쓰분에 행운을 부르는 「恵方巻(에호마키)」라는 김밥을 자르지 않고 통째로 먹는 것도 일반화 되었습니다. 에호마키는 그해의 행운의 방향을 향해 서서 조용히 마음 속으로 소원을 빌면서 그 자리에서 다 먹어야 한다고 합니다. 그리고 에호마키에 넣는 재료는 '복을 가져다 준다'는 신의 수만큼 넣는 것이 일반적입니다.

그럼, 에호마키에 넣는 재료는 몇 종류일까요?

① 세 종류　　② 다섯 종류　　③ 일곱 종류　　④ 여덟 종류

퀴즈 20 — 일본의 복날

일본에서는 계절이 바뀌는 시기인 입춘·입하·입추·입동이 되기 직전 약 18일간을 「土用(도요)」라고 합니다. 현재는 일반적으로 입추 전 18일간(7월 하순~8월 상순)을 가리키며, 이때는 한국의 복날에 해당됩니다. 이 시기는 일년 중에서 가장 더운 시기입니다.

그래서 '도요' 기간 중에 더위를 이겨내기 위해 어떤 음식을 먹습니다. 그것은 다음 중 무엇일까요?

① 장어　　② 돈가스　　③ 참치　　④ 닭꼬치

정리해 봅시다

1 예와 같이 대화문을 만들어 보세요.

> **예** それ / これ / おさけ → A それは 何ですか。
> B これは おさけです。

① これ / それ / チョコレート → A _____
B _____

② あれ / あれ / 韓国の のり → A _____
B _____

③ それ / これ / 日本の おかし → A _____
B _____

2 예와 같이 문장을 만들어 보세요.

> **예** 이것 / 나 / 교과서   これは わたしの きょうかしょです。

① 저것 / 박 씨 / 스마트폰 → _____

② 여기 / 김 씨 / 집 → _____

③ 거기 / 나 / 방 → _____

3 다음 문장을 일본어로 작문해 보세요.

① 이것은 무엇입니까?　→ _____

② 그렇습니까?　→ _____

③ 무슨 일이 있습니까?　→ _____

④ 기뻐요.　→ _____

🙂 일본 전통 가옥

일본은 한국에 비해 습도가 높고 특히 여름은 비가 많고 무더운 날이 계속됩니다. 그래서 일본의 전통가옥은 습한 여름을 쾌적하게 보내는데 적합한 개방적인 구조의 목조 건물입니다.

또, 일본 가옥의 마루 전면에 깔려 있는 「畳(다다미)」라는 바닥재도 습도 조절에 적절하고 바닥에 앉아서 생활하기에도 편리합니다.

한국 가옥은 온돌로 집안 전체를 따뜻하게 하는 반면, 일본 가옥은 사용하는 방을 난방 기구로 따뜻하게 하는 것이 일반적입니다. 일본의 대표적인 난방 기구로는 「こたつ(고타쓰)」가 있습니다. 고타쓰는 전열기구가 설치된 테이블에 열이 빠져나가는 것을 막기 위해 담요를 덮어 두고 그 위에 판을 올려 놓고 사용합니다. 일본을 여행할 때 전통 가옥의 특징을 잘 살린 숙박 시설인 「旅館(료칸)」에서 일본의 전통 가옥을 체험해 보는 것은 어떨까요?

제 5 과 단어 체크

번호	쪽	일본어	한국어
1	69	おみやげ	
2	69	どうぞ	
3	69	どうも	
4	69	これ	
5	69	なんですか	
6	69	それ	
7	69	おかし	
8	69	うれしいです	
9	69	ありがとうございます	
10	70	あれ	
11	70	どれ	
12	70	にほんご	
13	70	きょうかしょ	
14	70	えいご	
15	70	しんぶん	
16	71	ほん	
17	71	おちゃ	
18	71	おさけ	
19	71	チョコレート	
20	71	くすり	
21	71	けしょうひん	
22	71	ざっし	
23	71	のり	
24	73	どうしましたか	
25	73	あのう	
26	73	だいどころ	
27	73	どこ	
28	73	あそこ	
29	73	そうですか	
30	73	ここ	
31	73	そこ	
32	73	へや	
33	74	トイレ	
34	74	おふろ	
35	74	うち	
36	74	くるま	
37	75	でんわ	
38	75	スイッチ	
39	75	リモコン	
40	75	ごみばこ	
41	75	だれ	
42	75	スリッパ	
43	75	スマホ	

제 6 과

ちかくに コンビニは ありますか
근처에 편의점이 있습니까?

음성 듣기

---- 주요 학습 내용 ----

회화1
- あります / ありますか 있습니다 / 있습니까?
- 명사+の+まえ / うしろ / よこ ~앞 / 뒤 / 옆
- ～よ ~예요/이에요

회화2
- 지시대명사 「こちら・そちら・あちら・どちら」(방향을 가리키는 말)
- ありません 없습니다

들어봅시다 1

▶ 음성을 듣고 다음 단어의 알맞은 히라가나 표기를 선택하세요.

1 이쪽 
① ☐ ごちら
② ☐ こちら

2 내일 
① ☐ あした
② ☐ あすた

3 시간 
① ☐ しかん
② ☐ じかん

4 회사 
① ☐ かいしゃ
② ☐ がいしゃ

5 병원 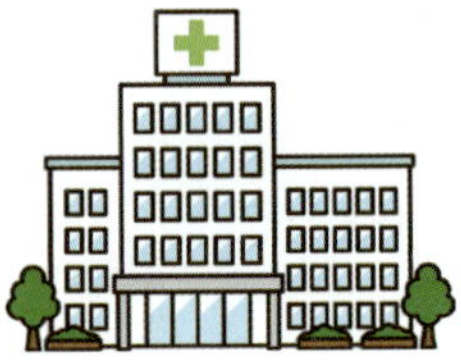
① ☐ びょういん
② ☐ びょういん

6 시계 
① ☐ どけい
② ☐ とけい

7 옆 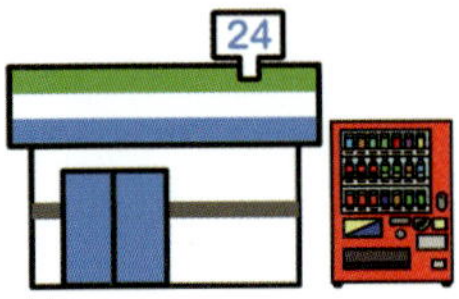
① ☐ よっこ
② ☐ よこ

8 뒤 
① ☐ うしる
② ☐ うしろ

9 근처 
① ☐ ちかく
② ☐ ちがく

배워봅시다 1

회화1 파출소 앞에서 6-02

スジン	すみません。 ちかくに コンビニは ありますか。
おまわりさん	はい、ありますよ。
スジン	どこですか。
おまわりさん	えきの まえです。ここから すぐですよ。
スジン	そうですか。ありがとう ございました。

표현

① すみません 실례합니다, 죄송합니다, 부탁합니다, 감사합니다

일본인이 자주 사용하는 말입니다. 사과할 때는 물론, 사람을 부를 때나 상대방의 배려에 감사를 표시할 때도 사용합니다.

② ～から すぐです ~에서 바로예요, ~에서 멀지 않아요

「すぐ」는 시간적 또는 공간적으로 '바로'라는 뜻입니다. 「～から すぐです」는 위치를 말할 때 사용하고 '~에서 바로예요, ~에서 멀지 않아요'라는 표현입니다.

단어 및 표현

ちかく 근처　コンビニ 편의점　あります 있습니다　おまわりさん 순경, 경찰관　えき 역　まえ 앞
～から ~에서　すぐ 바로　ありがとう ございました 감사합니다

제6과 ちかくに コンビニは ありますか

배워봅시다 1

문법

① あります / ありますか 있습니다 / 있습니까?

주어가 무생물이나 식물일 경우에 사용하고, 사람이나 동물처럼 살아서 움직이는 것이 주어일 경우에는 「います」를 사용합니다.

① きってが あります。
② あした じかんが ありますか。
③ スーパーは ありますか。

② 명사 + の + まえ / うしろ / よこ ~앞 / 뒤 / 옆

① ほんやは えきの まえです。
② キムさんは わたしの うしろです。
③ トイレは おふろの よこです。

③ ~よ ~예요/이에요

상대방에게 정보를 제공할 경우에 사용하는 문말 표현입니다.

① トイレは あそこですよ。
② それは くすりじゃ ありませんよ。
③ あれは すずきさんの 車ですよ。

일본어 사용법

🍀 「よこ」와「となり」

「よこ」는 기준이 되는 것의 수평 방향에 위치하고 있는 것을 나타냅니다. 「車は コンビニの よこに あります」와 같이 종류가 다른 것이 나란히 위치할 때도 사용할 수 있습니다. 이와 비슷한 표현인 「となり」는 같은 종류의 것이 나란히 위치하고 있고 가장 가까이 있다는 것을 나타냅니다. 또한 「となりの トトロ(이웃집 토토로)」와 같이 친근감을 담은 '이웃'의 의미로도 사용합니다.
'일본은 옆 나라입니다'는 「日本は よこの 国です」가 아니라 「日本は となりの 国です」라고 말합니다.

단어 및 표현

きって 우표   あした 내일   じかん 시간   スーパー 슈퍼   ほんや 서점   うしろ 뒤   よこ 옆
~よ ~예요/이에요

연습해 봅시다 1

1 예와 같이 대화해 보세요. 6-03

> 예
>
> A ちかくに 大(だいがく)学は ありますか。 근처에 대학교가 있습니까?
>
> B はい、ここから すぐです。 네, 여기서 가까워요.

大学

①
えき

②
ほんや

③
かいしゃ

④
こうこう

2 예와 같이 대화해 보세요. (ⓒ는 참고 단어를 참조하세요.) 6-04

> 예
>
> A ⓐコ(こ)ン(ん)ビ(び)ニ(に)は どこですか。 편의점이 어디입니까?
>
> B ⓑえきの ⓒまえです。 역 앞입니다.

ⓐコンビニ ⓑえき

①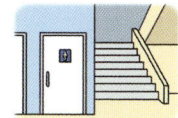
ⓐ ト(と)イ(い)レ(れ)
ⓑ かいだん

②
ⓐ ぎんこう
ⓑ ゆうびんきょく

③
ⓐ くすりや
ⓑ びょういん

ⓒ 참고 단어 まえ、うしろ、よこ

단어 및 표현

かいしゃ 회사   こうこう 고등학교   かいだん 계단   ぎんこう 은행   ゆうびんきょく 우체국
くすりや 약국   びょういん 병원

제6과 ちかくに コンビニは ありますか 85

들어봅시다 2

가게와 시설

▶ 음성을 듣고 빈칸에 알맞은 히라가나를 쓰세요. 6-05

1 시청　し＿＿くしょ
2 도서관　＿＿しょかん
3 식당　しょく＿＿う
4 상점가　しょうてん＿＿い
5 학원　じゅ＿＿＿
6 학교　がっ＿＿う
7 파출소　こう＿＿ん
8 공원　＿＿うえん

편의점 상품

▶ 음성을 듣고 알맞은 히라가나 표기를 선택하여 선으로 연결하세요. 6-06

1 칫솔　●　　　　　●　べんとう

2 쓰레기 봉투　●　　●　はブラシ

3 충전기　●　　　　●　カップラーメン

4 닭고기 튀김　●　　●　からあげ

5 샌드위치　●　　　●　のりまき

6 도시락　●　　　　●　じゅうでんき

7 김밥　●　　　　　●　ごみぶくろ

8 컵라면　●　　　　●　サンドイッチ

배워봅시다 2

회화2 편의점에서 6-07

スジン　　すみません。マスクは どこですか。

てんいん　はい。あちらです。

スジン　　たいおんけいも ありますか。

てんいん　もうしわけありません。
　　　　　たいおんけいは ありません。

スジン　　あ、そうですか。わかりました。

표현

① あちらです 저쪽입니다

방향을 가리키는 말 중의 하나로, 쌍방에서 먼 곳을 말할 때 손으로 가리키면서 「あちらです」라고 합니다. 친한 사이에서는 「あちら」 대신 「あっち」라는 말을 쓰고, 「あっちだよ」라고도 표현합니다.

② もうしわけありません 죄송합니다

정중하게 사과하는 표현입니다. 비즈니스나 접객 등 격식을 차리는 장면에서 사용합니다.

③ わかりました 알겠습니다

「わかりました」는 '알겠습니다'라는 뜻입니다. '이해했습니다'라는 뜻으로도 사용합니다. 예를 들어 선생님이 학생들에게 「わかりましたか(이해했어요?)」라고 물어보면 학생들은 「わかりました(이해했습니다)」라고 대답합니다.

단어 및 표현

マスク 마스크　　てんいん 점원　　あちら 저쪽　　たいおんけい 체온계　　もうしわけありません 죄송합니다
ありません 없습니다　　わかりました 알겠습니다

第6課 ちかくに コンビニは ありますか

문법

1 지시대명사 (방향을 가리키는 말)

이쪽	그쪽	저쪽	어느 쪽
こちら	そちら	あちら	どちら

말하는 사람의 가까운 곳(방향)을 가리켜서 「こちら(이쪽)」, 듣는 사람의 가까운 곳(방향)을 가리켜서 「そちら(그쪽)」, 쌍방에서 떨어진 곳(방향)을 가리켜서 「あちら(저쪽)」라고 합니다. 그리고 질문을 하는 경우는 「どちら(어느 쪽)」라고 합니다.
장소를 가리키는 「ここ」, 「そこ」, 「あそこ」의 정중한 표현으로도 사용합니다.(제5과 참조)

2 **ありません** 없습니다

「ありません」은 「あります(있습니다)」의 부정 표현이고 '없습니다'라는 뜻입니다.
참고로, 사람이나 동물의 존재를 나타내는 「います」의 부정 표현은 「いません」입니다.

① くすりは ありません。

② ごめんなさい。じかんが ありません。

✿ 사죄 표현 「ごめんなさい」, 「すみません」, 「もうしわけありません」

「ごめんなさい」는 상대방에게 용서를 구하는 표현입니다. 용서받을 수 있다는 것을 전제로 말하는 뉘앙스를 가지고 있기 때문에 가볍게 사과할 때 주로 사용합니다. 예를 들어, 친구와의 약속에 조금 늦었을 경우에 「ごめんなさい」라고 말하면 친구는 「いいよ(괜찮아)」라고 말해 주는 것을 전제로 하고 있습니다. 비즈니스 상황이나 윗사람에게 사용하면 실례가 되기 때문에 주의하도록 합시다.
「すみません」은 「ごめんなさい」보다 약간 정중한 사죄 표현으로 상대방에 대해 미안함을 가지고 있다는 것을 나타냅니다. 다른 사람과 부딪쳤을 때와 같은 일상적인 상황에서의 사죄나 폐를 끼친 상대에 대한 사죄를 나타냅니다.
한편, 「もうしわけありません」은 용서를 받을 수 있는지 여부와 상관없이 자신의 잘못을 진지하게 인정하고 사과의 마음을 전할 때 사용합니다. 주로 윗사람이나 고객에게 사용합니다.

단어 및 표현

こちら 이쪽   そちら 그쪽   どちら 어느 쪽   ごめんなさい 미안합니다   ～が ~이/가

연습해 봅시다 2

1 예와 같이 대화해 보세요. 6-08

> 예
>
> A　すみません。ハンカチは ありますか。　실례합니다. 손수건이 있습니까?
> B1　はい、あります。　네, 있습니다.
> B2　いいえ、ハンカチは ありません。　아니요, 손수건은 없습니다.
>
>
> ハンカチ

① ティッシュ　② おにぎり　③ けしゴム　④ ペン

⑤ とけい　⑥ コピーき　⑦ おでん　⑧ にくまん

2 예와 같이 대화해 보세요. 6-09

> 예
>
> A　あのう、@キムさんの へやは どこですか。
> 　저기요, 김 씨 방은 어디입니까?
> B　ⓑこちらですよ。　이쪽입니다.
>
>
> @キムさんの へや　ⓑこちら

① @トイレ ⓑこちら　② @おふろ ⓑそちら　③ @だいどころ ⓑあちら

단어 및 표현

ハンカチ 손수건　ティッシュ 티슈　おにぎり 주먹밥　けしゴム 지우개　ペン 펜　とけい 시계
コピーき 복사기　おでん 어묵　にくまん 고기찐빵

제6과 ちかくに コンビニは ありますか　89

도전! 일본 퀴즈

퀴즈 21 — 편의점 디저트

일본에서는 달콤한 디저트를 「スイーツ(스이쓰)」라고 합니다. 일본의 편의점 스이쓰는 저렴한 가격에 정통의 맛을 즐길 수 있어 인기가 있으며 케이크와 푸딩, 슈크림, 화과자 등 다양한 상품이 갖춰져 있습니다. 각 편의점이 서로 경쟁하면서 독자적인 상품을 개발하여 맛을 추구하고 있습니다. 같은 종류의 스이쓰를 편의점마다 비교하며 먹어 보는 것도 즐기는 방법 중 하나입니다. 게다가 계절 한정 상품도 풍부하여 봄에는 딸기, 가을에는 밤이나 고구마를 사용한 스이쓰가 등장해 사계절을 느낄 수 있습니다. 또, 전문점이나 유명한 파티시에와의 컬래버 상품도 출시하여 소비자가 싫증을 내지 않도록 연구하고 있습니다.

편의점이나 슈퍼에서 판매되고 있는 식품업체 구리코의 '푸칭푸딩'에는 어떤 채소의 즙이 원재료로 사용되고 있습니다. 다음 중 어느 것일까요?

① 호박　　② 양배추　　③ 당근　　④ 토마토

퀴즈 22 — おでん(어묵)

한국에서 '오뎅'이라고 하면 긴 꼬치에 꽂혀 있는 어묵이 떠오릅니다. 그런데 일본에서는 '어묵'뿐만 아니라 다양한 재료가 들어있는 음식을 일컬어 '오뎅'이라고 합니다. 예를 들어 어묵의 종류도 여러 가지로 '지쿠와(구멍뚫린 대롱 모양의 어묵)', '한펜(다진 생선을 동그랗게 뭉쳐 찐 것)' 등이 있습니다. 또한 두부를 기름에 튀긴 '아쓰아게'도 인기가 좋습니다. 그 밖에 곤약과 무, 삶은 계란도 일반적으로 오뎅에 들어갑니다. 겨울이 되면 편의점의 계산대 옆에 '오뎅' 코너가 설치됩니다. 칼로리가 낮고 영양가가 높으며 좋아하는 것을 선택할 수 있기 때문에 인기가 있습니다.

그럼, 일본 편의점에서 파는 오뎅 가운데서 가장 잘 팔리는 것은 무엇일까요?

① 무　　　　② 계란　　　　③ 지쿠와　　　　④ 아쓰아게

퀴즈 23 　　　　　　　　　우체국

일본의 우체국은 빨간색 우체통이 표식이고 우편 번호는 '〒'마크로 나타냅니다. 우편 제도는 메이지 시대(1868-1912)에 시작되어 전쟁 후인 1949년에는 우정성(郵政省ゆうせいしょう)이 설립되었습니다. 그 후 2007년에 민영화되어 '일본우정그룹'으로 새롭게 출발했습니다.

일본에서는 연말에 친한 사람이나 업무 관계의 사람들에게 감사의 마음을 전하고 새해 인사를 하기 위해 연하장을 보내는 문화가 있습니다. 최근에는 이메일이나 SNS로 인사를 하는 사람이 늘었지만 가족 사진을 넣거나 직접 디자인한 연하장은 특별한 마음을 전하는 방법으로 활용되고 있습니다. 11월이 되면 전국의 우체국이나 일부 편의점에서 '연하 엽서' 판매가 시작되고 12월 25일까지 보내면 1월 1일에 배달해 줍니다.

'연하 엽서'에는 '새뱃돈 복권'이 붙어 있으며 1월 중순에 진행되는 추첨에서 당첨되면 상품을 받을 수 있습니다. 최근 1등 상품으로는 현금이나 전자 화폐 카드, 그리고 특별 우표집 등이 있습니다.

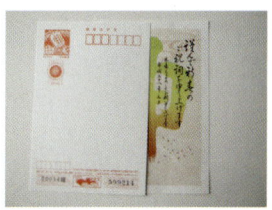

'세뱃돈 복권'의 첫 회(1949년)의 2등상은 어린이용 글로브, 1등상은 순모 정장 원단이었다고 하는데, 그렇다면 특별상(최고상)의 상품은 무엇이었을까요?

① 재봉틀　　② 흑백 텔레비전　　③ 전화기　　④ 세탁기

퀴즈 24 　　　　　　　　　おにぎり(주먹밥)

주먹밥의 역사는 오래되었고 야요이 시대(기원전 300년 경) 유적에서 그 흔적이 발견되고 있습니다. 지금처럼 김을 두른 형태가 된 것은 에도 시대(1603-1868)에 들어와 김 양식이 활발해지고 종이처럼 얇은 김이 생산되고 나서부터입니다. 주먹밥은 휴대하기 쉽기 때문에 소풍이나 운동회와 같은 야외 행사의 단골 메뉴입니다. 가정에서 만드는 경우도 많지만

슈퍼나 편의점에서도 간편하게 구입할 수 있고 먹기 쉽기 때문에 바쁜 현대 사회에 적합합니다.

그런데 일본의 대형 편의점의 제1호 체인점은 1974년에 도쿄 도요스에 개점한 세븐일레븐이었습니다. 개점 직후부터 계산대 옆의 작은 공간에서 주먹밥 판매를 개시했는데 당시에는 별로 팔리지 않았습니다. 주먹밥은 집에서도 만들 수 있다는 인식이 일반적이었기 때문입니다.

그럼, 주먹밥의 판매량을 극적으로 늘린 것은 어떤 아이디어였을까요?

① 전 공정의 기계화로 위생 관리　　② 전자렌지 사용이 가능한 포장 사용
③ 김 별도 포장　　　　　　　　　　④ 요일마다 재료 변경

정리해 봅시다

1 그림을 보고 まえ, うしろ, よこ 중 알맞은 단어를 사용해 예와 같이 문장을 만들어 보세요.

예	ぎんこう / えき
	→ ぎんこうは えきの まえです。

① ほんや / コンビニ
→ _____

② トイレ / おふろ
→ _____

③ くすりや / びょういん
→ _____

2 예와 같이 문장을 만들어 보세요.

예	슈퍼 / 저쪽	→ スーパーは あちらです。

① 복사기 / 그쪽 → _____

② 대학교 / 저쪽 → _____

③ 김 씨의 방 / 이쪽 → _____

3. 다음 문장을 일본어로 작문해 보세요.

① 여기서 바로예요.   → _____

② 약도 있습니까?   → _____

③ 죄송합니다.   → _____

④ 알겠습니다.   → _____

🙂 일본의 동네 지킴이 交番(KOBAN)

일본 드라마를 보다 보면 자전거를 타고 동네를 순찰하는 경찰관이 자주 등장합니다. 이런 경찰관은 동네의 파출소에 소속되어 있습니다. 일본에서는 동네에 있는 파출소를 「交番(코방)」이라고 합니다. 「交番(코방)」은 1874년 「交番所(코방쇼)」로부터 시작되었습니다. 당시에는 건물은 없었고 경찰관이 순찰을 하다가 교대로 보초를 서는 지점을 말했습니다. 그 후에 「交番所(코방쇼)」에 건물이 세워졌고 「交番(코방)」이라고 불리고 있습니다. 「交番(코방)」은 어린이 보호 및 분실물 관리나 길 안내 등을 비롯하여 지역의 치안 유지를 담당하고 있습니다. 또한 증가하는 외국인 관광객에 대응하기 위하여 1995년부터 'KOBAN'이라고 쓰인 심볼마크가 들어간 안내 표지판이 설치되었습니다. 여러분도 일본 여행 중에 길찾기나 분실물 등으로 어려움을 겪을 때는 「交番(코방)」에 도움을 요청해 보세요.

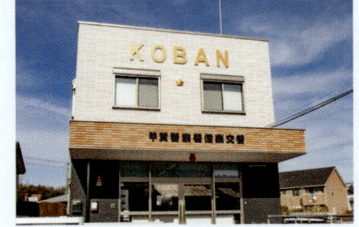

제6과 단어 체크

번호	쪽	일본어	한국어
1	83	ちかく	
2	83	コンビニ	
3	83	あります	
4	83	おまわりさん	
5	83	えき	
6	83	まえ	
7	83	～から	
8	83	すぐ	
9	83	ありがとうございました	
10	84	きって	
11	84	あした	
12	84	じかん	
13	84	スーパー	
14	84	ほんや	
15	84	うしろ	
16	84	よこ	
17	85	かいしゃ	
18	85	こうこう	
19	85	かいだん	
20	85	ぎんこう	
21	85	ゆうびんきょく	
22	85	くすりや	
23	85	びょういん	
24	87	マスク	
25	87	てんいん	
26	87	あちら	
27	87	たいおんけい	
28	87	もうしわけありません	
29	87	ありません	
30	87	わかりました	
31	88	こちら	
32	88	そちら	
33	88	どちら	
34	88	ごめんなさい	
35	88	～が	
36	89	ハンカチ	
37	89	ティッシュ	
38	89	おにぎり	
39	89	けしゴム	
40	89	ペン	
41	89	とけい	
42	89	コピーき	
43	89	おでん	
44	89	にくまん	

음성 듣기

제 7 과

何時ですか
なんじ

몇 시입니까?

---- 주요 학습 내용 ----

회화1
- 숫자 0 ~ 10
- 숫자 11 ~ 100
- 시간 표현

회화2
- 시간+から 시간+まで ~부터 ~까지

들어봅시다 1 7-01

▶ 음성을 듣고 다음 단어의 알맞은 히라가나 표기를 선택하세요.

1 몇 시

① ☐ なんち
② ☐ なんじ

2 대사관

① ☐ たいしかん
② ☐ だいしかん

3 오전

① ☐ ごじぇん
② ☐ ごぜん

4 전화번호

① ☐ でいわばんごう
② ☐ でんわばんごう

5 수업

① ☐ じゅぎょう
② ☐ じゅうぎょう

6 영화관

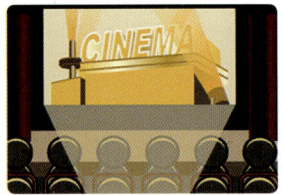

① ☐ えいがかん
② ☐ ええがかん

7 도서관

① ☐ としょかん
② ☐ としょうかん

8 관람차

① ☐ かんなんしゃ
② ☐ かんらんしゃ

9 수족관

① ☐ すいぞくかん
② ☐ すいじょくかん

배워봅시다 1

회화1 플랫폼에서 7-02

スジン   すみません。しぶや行きは 何時ですか。

えきいん   10時です。

スジン   何ばんせんですか。

えきいん   3ばんせんですよ。

スジン   ありがとう ございました。

표현

① 지명＋行き ~행

「~行き」는 「ソウル行き(서울 행)」, 「なりた行き(나리타 행)」와 같이 지명(정류장, 역, 공항 등)에 붙여서 교통 수단의 목적지를 나타냅니다. 「~行き」는 「~ゆき」라고 발음하는 경우도 있습니다.

② 何時ですか 몇 시입니까?

시간을 물어볼 때 사용하는 표현입니다. 「いま、何時ですか(지금 몇 시입니까?)」와 같이 「いま(지금)」를 함께 사용하는 경우도 많습니다.

③ 숫자＋ばんせん ~번선

철도역의 플랫폼 선로 번호입니다.

단어 및 표현

しぶや 시부야(지명)　　~いき(行き) ~행　　なんじ(何時) 몇 시　　えきいん 역무원　　じゅうじ(10時) 10시
なんばんせん(何ばんせん) 몇 번선　　~ばんせん ~번선

제7과 何時ですか

문법

① 숫자 0 ~ 10

0	1	2	3	4	5	6	7	8	9	10
ゼロ/れい	いち	に	さん	よん/し	ご	ろく	なな/しち	はち	きゅう/く	じゅう

② 숫자 11 ~ 100

11	12	13	14	15	16	17	18	19	20
じゅういち	じゅうに	じゅうさん	じゅうよん/じゅうし	じゅうご	じゅうろく	じゅうなな/じゅうしち	じゅうはち	じゅうきゅう/じゅうく	にじゅう
30	40	50	60	70	80	90	25	48	100
さんじゅう	よんじゅう	ごじゅう	ろくじゅう	ななじゅう	はちじゅう	きゅうじゅう	にじゅうご	よんじゅうはち	ひゃく

③ 시간 표현

1시	2시	3시	4시	5시	6시	반
いちじ	にじ	さんじ	よじ	ごじ	ろくじ	はん
7시	8시	9시	10시	11시	12시	몇 시
しちじ	はちじ	くじ	じゅうじ	じゅういちじ	じゅうにじ	なんじ

❀ 「ありがとう ございます」와 「ありがとう ございました」

「ありがとう ございます」는 지금 눈 앞에서 진행 중인 상황이나 행위에 대한 감사를 나타냅니다. 선물을 받으면서 상대방에게, 작업을 도와주려고 하는 사람에게, 또는 칭찬해준 사람에게 「ありがとう ございます」라고 말합니다.

「ありがとう ございました」는 과거의 일이나 이미 완료된 행위에 대한 감사를 나타냅니다. 식사를 마치고 가게를 나서는 고객에게, 프레젠테이션이 끝난 후에 마지막까지 들어 준 청중에게, 수업 종료 후 선생님께 「ありがとう ございました」라고 말합니다.

단어 및 표현

～じ(時) ~시   はん 반, 30분

연습해 봅시다 1

1 예와 같이 대화해 보세요. 7-03

> 예
>
> A すみません。いま 何時ですか。 실례합니다. 지금 몇 시입니까?
> B いま、10時です。 지금 10시입니다.
>
>
> 10時

① 12時

② 9時

③ 3時

④ 6時はん

⑤ 5時はん

2 예와 같이 대화해 보세요. 7-04

> 예
>
> A すみません。ⓐしぶや行きは 何時ですか。 실례합니다, 시부야행은 몇 시입니까?
> B ⓑ9時ですよ。 9시입니다.
> A ありがとう ございました。 감사합니다.

	ⓐ 목적지	ⓑ 출발 시간
예	しぶや	9시
①	おだいば	4시 반
②	うえの	8시
③	あきはばら	7시 반
④	あさくさ	2시
⑤	ぎんざ	11시 반

단어 및 표현

いま 지금   おだいば 오다이바(지명)   うえの 우에노(지명)   あきはばら 아키하바라(지명)
あさくさ 아사쿠사(지명)   ぎんざ 긴자(지명)

들어봅시다 2

역

▶ 음성을 듣고 빈칸에 알맞은 히라가나를 쓰세요. 7-05

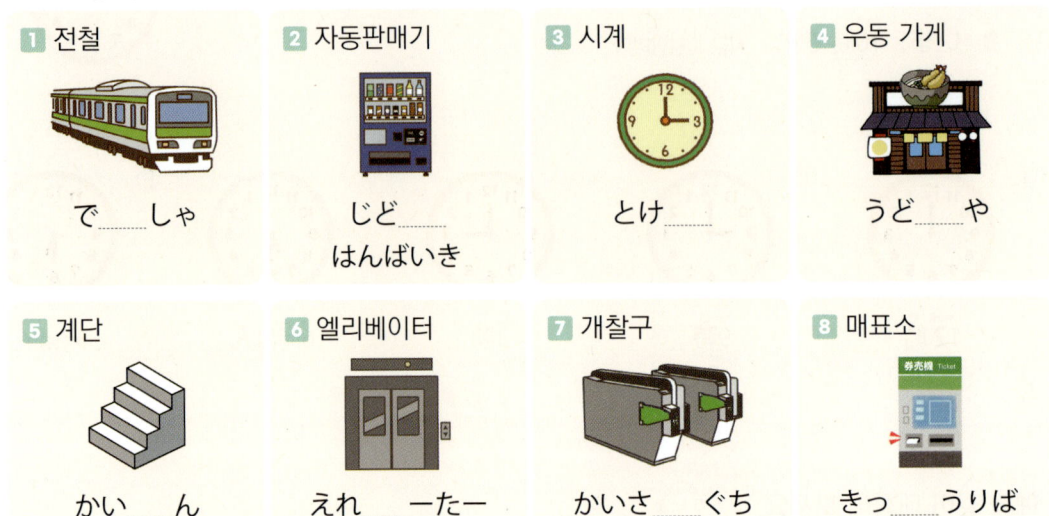

1 전철 — で___しゃ
2 자동판매기 — じど___ はんばいき
3 시계 — とけ___
4 우동 가게 — うど___や
5 계단 — かい___ん
6 엘리베이터 — えれ___ーたー
7 개찰구 — かいさ___ぐち
8 매표소 — きっ___うりば

하루 생활

▶ 음성을 듣고 알맞은 히라가나 표기를 선택하여 선으로 연결하세요. 7-06

1 아침밥 •　　　• しごと
2 일, 업무 •　　　• どくしょ
3 점심밥 •　　　• かいもの
4 쇼핑 •　　　• ばんごはん
5 청소 •　　　• シャワー (しゃわー)
6 저녁밥 •　　　• ひるごはん
7 샤워 •　　　• そうじ
8 독서 •　　　• あさごはん

배워봅시다 2

회화2 대학교 벤치에서 7-07

スジン　すみません。たいしかんは 何時からですか。
けんた　ごぜん 9時からです。
スジン　何時までですか。
けんた　ごご 6時までです。
スジン　でんわばんごう、わかりますか。
けんた　０３−３４５２−７６１１ですよ。
　　　　ぜろさん の さんよん ご に の ななろくいちいち

표현

❶ 〜は 何時からですか / 何時までですか　~은/는 몇 시부터입니까? / 몇 시까지입니까?

영업시간이나 이용 시간 등을 문의할 때 사용하는 표현입니다. 「ごぜん 7時から ごご 4時まで(오전 7시부터 오후 4시까지)」와 같이 표현하기도 합니다.

❷ でんわばんごう、わかりますか　전화번호, 압니까?

전화번호를 물어볼 때 사용하는 표현입니다. 「たいしかんの でんわばんごう、わかりますか (대사관의 전화번호, 아세요?)」 또는 「たいしかんの でんわばんごうは なんばんですか(대사관의 전화번호는 몇 번입니까?)」와 같이 사용하는 경우도 있습니다.

❸ 전화번호 말하기

전화번호를 말할 때 0은 「ゼロ」, 4는 「よん」, 7은 「なな」, 9는 「きゅう」로 읽습니다. '−' 부분은 「の」로 말합니다.

단어 및 표현

たいしかん 대사관　〜から ~부터　ごぜん 오전　〜まで ~까지　ごご 오후　でんわばんごう 전화번호
わかりますか 압니까?

문법

1 시간 + から 시간 + まで ~부터 ~까지

「~から ~まで」는 아래 예문과 같이 시간적인 기점이나 종점을 나타내기도 하고, 「ソウルから プサンまで(서울에서 부산까지)」와 같이 장소의 기점이나 종점을 나타낼 수도 있습니다.

① バイトは 9時から 5時までです。

② てんぼうだいは 8時からです。

③ じゅぎょうは 10時までです。

일본어 사용법

❋ 「Kiosk(키오스크)」

한국에서 'Kiosk(키오스크)'라고 하면 음식점 등에서 흔히 볼 수 있는 터치 패널식 자동 결제 단말기를 말합니다. 그런데 일본에서는 「Kiosk(キヨスク・キオスク)」라고 하면 'JR(Japan Railways)'의 역 구내에 있는 작은 매점을 말합니다. 'Kiosk'에는 놀랄 정도로 많은 제품들이 빽빽하게 진열되어 있습니다. 여행지에서 필요한 상품이나 기차 안에서 즐길 수 있는 간식 등도 살 수 있으니 일본을 여행할 때는 한 번 들러 보세요.

단어 및 표현

てんぼうだい 전망대   じゅぎょう 수업   バイト 아르바이트

연습해 봅시다 2

1 예와 같이 대화해 보세요. 7-08

> 예
> A ⓐレストランの でんわばんごうは なんばんですか。
> 레스토랑 전화번호는 몇 번입니까?
> B ⓑ03-9278-5414です。 03-9278-5414입니다.

ⓐレストラン
ⓑ03-9278-5414

①
ⓐしょくどう
ⓑ06-1302-9576

②
ⓐえいがかん
ⓑ0980-74-3168

③
ⓐとしょかん
ⓑ090-7148-4632

0	1	2	3	4	5	6	7	8	9
ゼロ	いち	に	さん	よん	ご	ろく	なな	はち	きゅう

2 예와 같이 대화해 보세요. 7-09

> 예
> A ⓐてんぼうだいは 何時から 何時までですか。
> 전망대는 몇 시부터 몇 시까지입니까?
> B ごぜん ⓑ8時から ごご ⓒ9時までです。
> 오전 8시부터 오후 9시까지입니다.

ⓐてんぼうだい ⓑ8:00-9:00

① ⓐまどぐち
ⓑ8:00-5:00

② ⓐプラネタリウム
ⓑ10:00-3:00

③ ⓐかんらんしゃ
ⓑ10:30-4:30

④ ⓐバイト
ⓑ7:00-2:00

⑤ ⓐすいぞくかん
ⓑ11:30-6:00

단어 및 표현

レストラン 레스토랑   なんばん 몇 번   しょくどう 식당   えいがかん 영화관   としょかん 도서관
まどぐち 창구   プラネタリウム 플라네타륨   かんらんしゃ 관람차   すいぞくかん 수족관

도전! 일본 퀴즈

퀴즈 25 숫자

일본 병원 등에서 3호실 다음이 5호실이고 4호실이 없는 경우가 있습니다. 이것은 '4'의 발음 「し(시)」가 「死(죽을 사)」의 발음과 같기 때문입니다. '9'의 발음은 「く(구)」입니다. 이는 「苦(쓸 고)」의 발음과 같아서 고생이나 고통을 연상시키기 때문에 '4'와 같이 좋지 않은 숫자로 여겨집니다. 반면에 '8'은 옛날부터 재수가 좋은 숫자로 생각되고 있습니다. 그 이유는 무엇일까요?

① 끝없이 계속되는 것을 의미하기 때문에
② 돈을 의미하기 때문에
③ 건강을 의미하기 때문에
④ 발전이나 번영을 의미하기 때문에

퀴즈 26 十二支(십이지)

'십이지'는 고대 중국에서 유래된 것으로 년, 월, 방향, 시간을 표시하기 위해 사용했습니다. 이는 '자, 축, 인, 묘, 진, 사, 오, 미, 신, 유, 술, 해 (子・丑・寅・卯・辰・巳・午・未・申・酉・戌・亥)' 12종류의 총칭으로 12가지 동물을 나타냅니다. 일본에서도 '올해는 쥐 해입니다', '저는 원숭이 띠입니다'와 같이 사용되고 있습니다.

그런데 일본의 십이지와 한국의 십이지를 비교해 보면 한 종의 동물이 다릅니다. 그것은 무엇일까요?

① 소 → 곰
② 호랑이 → 고양이
③ 닭 → 까마귀
④ 돼지 → 멧돼지

퀴즈 27 — 八百屋(야오야)

'만(万)'이라는 한자는 '만국(万国)', '만민(万民)', '천차만별(千差万別)' 등과 같은 말에서도 알 수 있듯이 '수가 아주 많은 것'을 나타내는데 사용됩니다. 또 일본에서는 '만(万)' 외에도 아주 많다는 뜻으로 '팔백(八百)'이라는 말을 사용합니다. 일본에서는 '수많은 신' 혹은 '모든 신'을 나타내는 「八百万の神(야오요로즈노 가미)」라는 말이 있습니다. 이것은 모든 자연에 신이 깃들어 있다는 일본인의 관념을 엿볼 수 있는 말입니다. 또 「嘘八百(우소 핫퍄쿠)」라는 단어도 '팔백(八百)'이 들어가는데 이것은 '거짓말투성이', '새빨간 거짓말'이라는 뜻입니다.

그럼, 「八百屋(야오야)」는 무엇을 의미하는 단어일까요?

① 슈퍼
② 채소 가게
③ 생활용품 가게
④ 문구점

퀴즈 28 — 까마귀와 비둘기

한국에서는 까치를 흔히 볼 수 있지만 까마귀는 보기 힘듭니다. 반면에 일본에서는 까치의 서식 범위가 아주 좁고, 그 대신 까마귀가 매우 많습니다. 까마귀가 밖에 내놓은 음식물 쓰레기를 엉망으로 만들어 버리는 피해도 적지 않습니다. 일본을 방문한 한국인들은 까마귀가 많아서 깜짝 놀라곤 합니다. '새'는 한자로는 '鳥'라고 씁니다. 까마귀는 한자로 '烏'라고 씁니다. 비슷하지만 잘 보면 '까마귀'를 나타내는 한자는 한 획이 적습니다.

그럼, 일본의 신사, 절, 공원 등에서 흔히 볼 수 있는 '비둘기'의 한자는 어느 것일까요?

① 鳰　　② 鳩　　③ 鳩　　④ 鳩

정리해 봅시다

1 예와 같이 문장을 만들어 보세요. 시간 읽는 법은 히라가나로 쓰세요.

예  ① 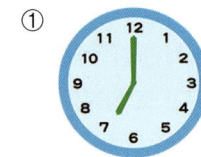 ② 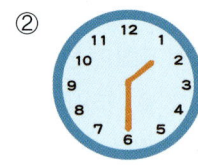 ③

| 예 A いま、何時ですか。 | B はちじです。 |

① A いま、何時ですか。　　　　B _____ です。

② A いま、何時ですか。　　　　B _____ です。

③ A いま、何時ですか。　　　　B _____ です。

2 예와 같이 문장을 만들어 보세요. 시간 읽는 법은 히라가나로 쓰세요.

| 예 수업 / 몇 시까지　→　じゅぎょうは 何時までですか。 |

① 도서관 / 몇 시부터　→　_____

② 대사관 / 오전 9시부터　→　_____

③ 아르바이트 / 오후 5시까지　→　_____

3 다음 문장을 일본어로 작문해 보세요. 시간 읽는 법은 히라가나로 쓰세요.

① 시부야 행은 2시입니다. → _____

② 지금 몇 시입니까? → _____

③ 전망대는 몇 시부터입니까? → _____

④ 창구는 2시부터 6시까지입니다. → _____

☺ 도쿄 관광 명소 : 도쿄 타워와 도쿄 스카이트리

도쿄의 관광 명소인 '도쿄 타워'의 높이는 333m이고 정식 명칭은 '일본 전파탑'입니다. 텔레비전 전파 송신을 위해 1964년 도쿄 올림픽을 앞두고 1958년까지 약 1년 반에 걸쳐 건축되었습니다.

그 후 도쿄에는 초고층 빌딩이 많이 늘어나, 수신 환경의 변화로 인해 더욱 더 안정적인 전파 송신이 필요하게 되었습니다. 그래서 2012년 5월에 '도쿄 스카이트리'가 새로운 전파탑으로 문을 열어, 도쿄의 새로운 관광 명소가 되었습니다. '도쿄 스카이트리'는 높이 634m의 초고층탑으로 자립식 철탑으로서는 세계 최고의 높이를 자랑합니다.

도쿄에 가면 '도쿄 타워'와 '도쿄 스카이트리'에 올라, 수도 도쿄를 한눈에 내려다보세요. 날씨까지 좋다면 일본에서 가장 높은 산인 후지산도 볼 수 있겠지요.

제 7 과 단어 체크

번호	쪽	일본어	한국어
1	97	～いき	
2	97	なんじ	
3	97	えきいん	
4	97	じゅうじ	
5	97	なんばんせん	
6	97	～ばんせん	
7	98	～じ	
8	98	はん	
9	99	いま	
10	101	たいしかん	
11	101	～から	
12	101	ごぜん	
13	101	～まで	
14	101	ごご	
15	101	でんわばんごう	
16	101	わかりますか	
17	102	てんぼうだい	
18	102	じゅぎょう	
19	102	バイト	
20	103	レストラン	
21	103	なんばん	
22	103	しょくどう	

번호	쪽	일본어	한국어
23	103	えいがかん	
24	103	としょかん	
25	103	まどぐち	
26	103	プラネタリウム	
27	103	かんらんしゃ	
28	103	すいぞくかん	

관련 어휘			
29	100	でんしゃ	
30	100	じどうはんばいき	

음성 듣기

제 8 과

いくらですか

얼마입니까?

주요 학습 내용

회화1
- 숫자 100 ~ 1,000
- いくら 얼마 (가격을 묻는 말)

회화2
- いくつ 몇 개 (개수를 묻는 말)
- 명사 + と + 명사 ~와/과 ~

들어봅시다 1

🔊 음성을 듣고 다음 단어의 알맞은 히라가나 표기를 선택하세요.

1 몇 개

① ☐ いくつ
② ☐ いくっつ

2 한 개

① ☐ ひとつ
② ☐ ふとつ

3 두 개

① ☐ ひたつ
② ☐ ふたつ

4 얼마

① ☐ いくら
② ☐ いぐら

5 주세요

① ☐ ください
② ☐ くだっさい

6 집세

① ☐ やちん
② ☐ やじん

7 우유

① ☐ ぎゅにゅう
② ☐ ぎゅうにゅう

8 어서 오십시오

① ☐ いらっしゃいませ
② ☐ いらっさいませ

9 계십니까?, 실례합니다

① ☐ ごめんなさい
② ☐ ごめんください

110

배워봅시다 1

회화1 화과자점에서 8-02

スジン　　ごめんください。

てんいん　いらっしゃいませ。

スジン　　これは いくらですか。

てんいん　まんじゅうですね。
　　　　　まんじゅうは 120円です。

표현

❶ ごめんください 계십니까?, 실례합니다

가게나 다른 사람의 집을 방문했을 때 '계십니까?'라는 뜻으로 사용하는 표현입니다.

❷ いらっしゃいませ 어서 오십시오

가게 등에서 손님을 맞이할 때 점원이 사용하는 표현입니다. 친근감 있게 「いらっしゃい」라고도 말합니다.

❸ ～は いくらですか ~은/는 얼마입니까?

가격을 물을 때 사용하는 표현입니다. 「おべんとうは いくらですか(도시락은 얼마입니까?)」, 「これは いくらですか(이것 얼마입니까?)」와 같이 사용합니다. 조사 「は」는 생략할 수도 있습니다.

단어 및 표현

ごめんください 계십니까?, 실례합니다　　いらっしゃいませ 어서 오십시오　　いくら 얼마　　まんじゅう 만주　　～えん(円) ~엔

제8과 いくらですか

문법

1 숫자 100 ~ 1,000

100	200	300	400	500
ひゃく	にひゃく	さんびゃく	よんひゃく	ごひゃく
600	700	800	900	1,000
ろっぴゃく	ななひゃく	はっぴゃく	きゅうひゃく	せん

2 いくら 얼마 (가격을 묻는 말)

① それは いくら ですか。

② やちんは いくら ですか。

③ おこのみやきは いくら ですか。

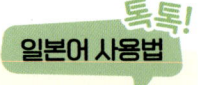

❖ **음편**

'음편'은 입술과 혀의 움직임을 최소화하고 발음을 부드럽게 하기 위하여 소리가 변화하는 현상입니다. 한국어에도 '국물[궁물]'이나 '육백[육빽]'과 같은 발음의 변화가 있습니다.

그럼 시험 삼아 천천히 「ろくひゃく」이라고 발음해 보세요. 「く」 다음에 「ひゃ」를 발음할 경우 입술이 옆으로 벌어지면서 혀가 뒤에서 앞으로 크게 움직이는 것을 느낄 수 있을 것 입니다. 「ろっぴゃく」라고 발음하면 입술과 혀의 움직임이 간단해집니다. 「さんひゃく → さんびゃく」나 「はちひゃく → はっぴゃく」도 발음을 비교해 보세요.

단어 및 표현

やちん 집세   おこのみやき 오코노미야키(일본식 부침개)

연습해 봅시다 1

1 예와 같이 대화해 보세요. 8-03

> **예**
>
> A　すみません。ⓐまんじゅうは いくらですか。
> 　　실례합니다. 만주는 얼마입니까?
>
> B　ⓐまんじゅうは ⓑ１４０円です。
> 　　　　　　　　　　　ひゃくよんじゅうえん
> 　　만주는 140엔입니다.

ⓐまんじゅう　ⓑ140円

①
ⓐせんべい
ⓑ80円

②
ⓐようかん
ⓑ150円

③
ⓐだんご
ⓑ170円

④
ⓐたいやき
ⓑ200円

⑤
ⓐどらやき
ⓑ320円

10엔	20엔	30엔	40엔
じゅうえん	にじゅうえん	さんじゅうえん	よんじゅうえん
50엔	60엔	70엔	80엔
ごじゅうえん	ろくじゅうえん	ななじゅうえん	はちじゅうえん
90엔	100엔	200엔	300엔
きゅうじゅうえん	ひゃくえん	にひゃくえん	さんびゃくえん

단어 및 표현

せんべい 전병　ようかん 양갱　だんご 경단　たいやき 붕어빵　どらやき 도라야키

제8과 いくらですか

들어봅시다 2

화과자

▶ 음성을 듣고 빈칸에 알맞은 히라가나를 쓰세요. 8-04

1. だい＿＿く
2. お＿＿ぎ
3. みたらし＿んご
4. こんぺい＿う
5. かし＿もち
6. さ＿らもち
7. か＿んとう
8. あん＿つ

양과자

▶ 음성을 듣고 알맞은 히라가나 표기를 선택하여 선으로 연결하세요. 8-05

1. 파르페　●　　●　タルト (たると)
2. 쿠키　●　　●　ショートケーキ (しょーとけーき)
3. 쇼트 케이크　●　　●　パフェ (ぱふぇ)
4. 마카롱　●　　●　クッキー (くっきー)
5. 티라미수　●　　●　クレープ (くれーぷ)
6. 도넛　●　　●　ティラミス (てぃらみす)
7. 타르트　●　　●　マカロン (まかろん)
8. 크레이프　●　　●　ドーナツ (どーなつ)

배워봅시다 2

회화2 제과점에서 8-06

てんいん	おきまりですか。
スジン	プリンは ひとつ いくらですか。
てんいん	１８０円(ひゃくはちじゅうえん)です。
スジン	じゃあ、いちごの ケーキを ひとつと プリンを ふたつ ください。
てんいん	おもちかえりですか。
スジン	はい。

표현

① **おきまりですか** 정하셨습니까? (주문을 받겠습니다)

점원이 손님의 주문을 받을 때 사용합니다. '(주문은) 정하셨습니까?'라는 표현입니다.

② **ください** 주세요

물건을 살 때나 갖다 달라고 부탁할 때 '주세요'라는 뜻으로 사용합니다. 「〜を ください(~을/를 주세요)」라고도 말합니다.

③ **おもちかえりですか** 가져가시겠습니까?

주로 음식을 주문할 때 점원이 손님에게 사용합니다. '여기서 먹고 간다'고 할 때는 「ここで 食べます(여기서 먹겠습니다)」라고 말합니다.

단어 및 표현

おきまりですか 정하셨습니까? (주문을 받겠습니다)　プリン 푸딩　ひとつ 한 개　じゃあ 그럼　いちご 딸기　ケーキ 케이크　〜と ~와/과　ふたつ 두 개　ください 주세요　おもちかえりですか 가져가시겠습니까?

제8과 いくらですか

문법

1 いくつ 몇 개 (개수를 묻는 말)

1개	2개	3개	4개	5개	6개	7개	8개	9개	10개
ひとつ	ふたつ	みっつ	よっつ	いつつ	むっつ	ななつ	やっつ	ここのつ	とお

2 명사 + と + 명사 ~와/과~

① アップルパイと シュークリームを ください。

② パンと ぎゅうにゅうを ください。

③ おにぎりと おちゃを ください。

✱ **일본에서 예로부터 전해지는 숫자 세는 방법 「ひとつ ふたつ」**

「ひとつ、ふたつ、みっつ…とお」는 예로부터 전해지는 일본 고유의 숫자 세는 방법으로 각각의 수에 의미가 있습니다. 예를 들어 「ひとつ(1)」의 「ひ」는 고대의 「火(불)」나 「日(날)」에서 유래하여 사물의 '시작'이나 '최초'를 상징합니다. 또한 「とお(10)」는 '완성'이나 '끝'을 의미하는 특별한 숫자로 여겨져, 사물의 전환점을 나타냈습니다. 그래서 11 이상을 셀 때는 한자 수를 사용하게 되었습니다.

이러한 세는 방법은 물건의 개수를 셀 때는 물론이고 사건, 방법, 단계 등 다양한 상황에서 폭넓게 사용됩니다. 나이를 셀 때도 「ひとつ」,「ふたつ」를 사용합니다. 이는 생명의 시작이나 성장 단계를 상징적으로 표현하고 있기 때문이라고 합니다.

단어 및 표현

いくつ 몇 개   アップルパイ 애플파이   シュークリーム 슈크림   パン 빵   ぎゅうにゅう 우유

연습해 봅시다 2

1 아래 가격표를 참조하여 예와 같이 대화해 보세요. (*☐ 부분은 계산해서 말하세요.) 8-07

> 예
>
> A いちごの ケーキは ひとつ いくらですか。
> 딸기 케이크는 한 개에 얼마입니까?
>
> B ひとつ １４０円です。 한 개 140엔입니다.
>
> A じゃあ、ふたつ ください。 그럼, 두 개 주세요.
>
> B ありがとう ございます。 *２８０ 円です。
> 감사합니다. 280엔입니다.

いちごの ケーキ
140円

2 아래 가격표를 참조하여 예와 같이 대화해 보세요. (*☐ 부분은 계산해서 말하세요.) 8-08

> 예
>
> A プリンと アップルパイを ください。 푸딩과 애플파이를 주세요.
>
> B はい、ありがとう ございます。 네, 감사합니다.
>
> A いくらですか。 얼마입니까?
>
> B *２５０ 円です。 250엔입니다.

가격표

| アップルパイ | パン | ジュース | おにぎり | プリン |
| 120円 | 160円 | 150円 | 90円 | 130円 |

단어 및 표현

ジュース 주스

도전! 일본 퀴즈

퀴즈 29 　일본에서 태어난 빵들

16세기에 포르투갈 선교사들에 의해 일본에 전해진 빵은 그 어원도 포르투갈어의 빵을 의미하는 'pao'에서 유래했다고 합니다. 에도 시대 말 1842년에 실제로 빵을 만든 기록이 남아 있습니다. 일본에 빵이 보급된 계기는 지금도 도쿄 긴자에 본점이 있는 '기무라야'의 창시자가 만두를 힌트로 고안한 팥빵이었습니다(1874년). 빵과 팥소의 조합이 일본인의 입맛에 맞아서 폭발적인 히트 상품이 되었습니다. 그 후, 크림빵, 멜론빵, 카레빵 등 지금은 스테디셀러가 된 다양한 빵이 일본에서 만들어졌습니다. 또한 식빵에 생크림과 과일을 넣은 과일 샌드, 핫도그 번에 야키소바를 넣은 야키소바 빵 등 다양한 상품도 개발되었습니다.

그럼, 일본에서는 슬라이스 된 식빵의 가장자리 갈색 부분을 뭐라고 부를까요?

① 빵 귀　　② 빵 껍질　　③ 빵 벽　　④ 빵 띠

퀴즈 30 　결혼식

일본의 결혼식은 신사에서 행하는 신전식, 교회나 성당에서 하는 기독교식, 절에서 행하는 불전식이 있습니다. 이러한 종교적인 결혼식과 달리 부모, 친척, 친구들 앞에서 결혼을 맹세하는 인전식(人前式)도 많아지고 있습니다. 또한, 자신만의 결혼식을 원하는 사람도 늘고 있어, 해외에서 식을 올리거나 이벤트화된 프로그램을 진행하기도 합니다. 이처럼 결혼식은 해마다 다양해지고 있습니다.

결혼식에 초대 받으면 축의금을 준비해서 참석합니다. 보통 축의금은 친구나 회사 동료라면 3만 엔 정도입니다. 짝수는 '나누어 떨어지는 숫자'이므로 '이별'을 연상시키기 때문에 피하는 경향이 있었지만, 최근 들어 '2'는 커플을 상징하는 숫자로 인식되어 2만 엔을 준비하는 사람도 많아졌습니다. 결혼식 후에는 호텔이나 레스토랑 등에서 피로연이 열립니다. 피로연에는 사전에 초대받은 사람에 한하여 참석할 수 있습니다. 피로연에 초대하는 사람의 평균 인원은 70명 정도입니다. 피로연 후에는 「引き出物(히키데모노)」라는 답례품을 참석자들에게 나누어 줍니다.

그럼, 다음 중 결혼 축하 선물로 주어도 괜찮은 것은 어느 것일까요?

① 손수건　　② 부엌칼 세트　　③ 벽 시계　　④ 유리컵 세트

퀴즈 31 　　　　　　　　　　다도

다도는 전통적인 양식으로 차를 대접하는 것으로「茶の湯(차노유)」라고도 합니다. 차를 즐기는 것뿐만 아니라 차를 통해 예의범절을 배웁니다. 그 바탕에 깔려 있는 것이 '대접하는 마음'입니다. 다도에서 중요하게 여기는「一期一会(이치고이치에)」라는 말이 있는데, 이는 '사람을 만나는 일은 일생에 한 번뿐이라고 생각해, 정성을 다하고 소중히 여긴다'는 의미입니다.

현재 일본에서 생산되는 차의 대부분은 발효되지 않은 '녹차'입니다. '녹차'는 다도에서 사용하는 「抹茶(맛차)」를 비롯하여 재배법이나 제조법에 따라 종류가 다양하고, 맛이나 가격도 다릅니다. 일본 차의 소비량이 비약적으로 늘어나게 된 계기는 1980년대에 등장한 캔이나 페트병에 담은 '녹차 음료'였습니다. 이것은 산화 방지 기술에 의해 가능해졌습니다. 이런 '녹차 음료'는 일본인에게 많은 사랑을 받고있습니다.

그런데 일본에서는 차를 우려내어 찻잔에 부었을 때 특정한 상태가 되면 운이 좋다고 생각합니다. 그건 어떤 상태일까요?

① 찻잎이 찻잔 한가운데를 빙글빙글 돌고 있다.
② 차의 줄기가 차 안에 세로로 서 있다.
③ 찻잎이 한 장만 찻잔 가장자리에 붙어 있다.
④ 차 안에 차의 줄기가 3개 들어 있다.

퀴즈 32 　　　　　　　どら焼き(도라야키)

「どら焼き(도라야키)」는 애니메이션「ドラえもん(도라에몽)」에서 도라에몽이 아주 좋아하는 음식으로 알려져 있습니다. 밀가루에 계란과 설탕을 섞어 만든 반죽을 동글납작하게 구워, 두 쪽을 맞붙인 사이에 팥소를 넣은 일본 과자입니다. 1600년대 초반에 생겨나 지금의 형태가 된 것은 1900년대가 되어서입니다. 타악기 징을 일본어로「どら(도라)」라고 발음하는데, 그 둥근 모습이 비슷하기 때문에「どら焼き(도라야키)」라고 불렸다는 설이 있습니다. 최근에는 생크림을 넣은「生どら(나마도라)」와 초콜릿 크림이나 잼 등을 넣은 것도 있습니다.

그럼, 도라에몽은 어째서 도라야키를 아주 좋아할까요?

① 첫 사랑 친구가 준 음식이라서　　② 원래 살던 세계의 주식이라서
③ 제일 배가 고플 때 먹었던 음식이라서　　④ 태어나서 처음에 먹은 음식이라서

정리해 봅시다

1 예와 같이 문장을 만들어 보세요. 개수 읽는 법은 히라가나로 쓰세요.

2 예와 같이 문장을 만들어 보세요. 가격 읽는 법은 히라가나로 쓰세요.

| 예 | 만주 / 140 | → まんじゅうは ひとつ ひゃくよんじゅうえんです。 |

① 도라야키 / 150 → _____

② 경단 / 270 → _____

③ 양갱 / 380 → _____

3 다음 문장을 일본어로 작문해 보세요.

① 계십니까? →

② 어서 오십시오. →

③ 얼마입니까? →

④ 주먹밥과 차를 주세요. →

일본을 알아봅시다

😊 와가시 : 맛있고 아름다운 일본 과자

일본 전통적인 제조 방법으로 만든 과자를 「和菓子(와가시)」라고 합니다. 와가시는 일본 '다도'에서 차에 곁들여지면서 발전했습니다. 맛뿐만 아니라 모양의 아름다움도 와가시의 중요한 요소입니다.
대표적인 와가시로는 얇게 빚은 떡으로 팥소를 싼 「大福(다이후쿠)」나 「羊羹(양갱)」 등이 있고 이 외에도 다양한 재료를 이용하여 계절을 표현하는 예술 작품 같은 와가시도 있습니다. 와가시에 가장 많이 사용되는 재료는 팥소를 만들기 위한 팥과 설탕입니다. 그 밖에 쌀, 밀가루, 우무, 과일 등이 사용됩니다.
케이크나 쿠키도 맛있지만 와가시도 매우 매력적입니다. 일본에 가면 전통적인 와가시를 향기로운 일본 녹차와 함께 즐겨 보세요.

제 8 과 단어 체크

번호	쪽	일본어	한국어
1	111	ごめんください	
2	111	いらっしゃいませ	
3	111	いくら	
4	111	まんじゅう	
5	111	～えん	
6	112	やちん	
7	112	おこのみやき	
8	113	せんべい	
9	113	ようかん	
10	113	だんご	
11	113	たいやき	
12	113	どらやき	
13	115	おきまりですか	
14	115	プリン	
15	115	ひとつ	
16	115	じゃあ	
17	115	いちご	
18	115	ケーキ	
19	115	～と	
20	115	ふたつ	
21	115	ください	
22	115	おもちかえりですか	

번호	쪽	일본어	한국어
23	116	いくつ	
24	116	アップルパイ	
25	116	シュークリーム	
26	116	パン	
27	116	ぎゅうにゅう	
28	117	ジュース	

관련 어휘			
29	114	クッキー	
30	114	ティラミス	
31	114	マカロン	
32	114	ドーナツ	

제 9 과

好きですか
좋아합니까?

주요 학습 내용

회화1
- 명사 + が 好きです ~을/를 좋아합니다
- 명사 + は 好きじゃ ありません ~은/는 좋아하지 않습니다
- 명사 + の ほうが ~ ~쪽이 더 ~

회화2
- 명사 + が いちばん ~ ~이/가 가장 ~

들어봅시다 1

● 음성을 듣고 다음 단어의 알맞은 히라가나 표기를 선택하세요.

1 피자 
① ☐ ぴざ
② ☐ ぴじゃ

2 생선 
① ☐ さかな
② ☐ ちかな

3 메밀국수 
① ☐ そば
② ☐ そぼ

4 스포츠 
① ☐ すぽーちゅ
② ☐ すぽーつ

5 야구 
① ☐ やきゅ
② ☐ やきゅう

6 귤 
① ☐ みかう
② ☐ みかん

7 사과 
① ☐ いんご
② ☐ りんご

8 닭꼬치 
① ☐ やきとり
② ☐ やきどり

9 물 
① ☐ みじゅ
② ☐ みず

배워봅시다 1

회화1 켄타 집에서 9-02

けんた　スジンさん、ピザは 好きですか。
スジン　はい、とても 好きです。
けんた　コーラは どうですか。
スジン　コーラは あまり 好きじゃ ありません。
　　　　ジュースの ほうが いいです。

표현

① **どうですか**　어떻습니까?

상대방에게 사람이나 사물에 대한 인상, 의견 등을 묻는 표현입니다.

　A : この かばん どうですか。 이 가방 어떻습니까?
　B : すてきですね。 멋지네요.

② **とても/あまり**　아주, 매우/별로

「とても」와 「あまり」는 정도를 나타내는 말입니다. 「あまり」는 부정을 나타내는 표현과 함께 사용합니다.

단어 및 표현

ピザ 피자　　すきです(好きです) 좋아합니다　　とても 아주, 매우　　コーラ 콜라　　どうですか 어떻습니까?
あまり 별로　　すきじゃ ありません(好きじゃ ありません) 좋아하지 않습니다　　～の ほうが ~쪽이 더
いいです 좋습니다

제9과 好きですか

문법

① 명사+が 好きです ~을/를 좋아합니다

① すしが 好きです。
② わたしは ラーメンが 好きです。
③ けんたさんは にくが 好きですか。

② 명사+は 好きじゃ ありません ~은/는 좋아하지 않습니다

① コーラは 好きじゃ ありません。
② コーヒーは あまり 好きじゃ ありません。
③ さかなは あまり 好きじゃ ありません。

③ 명사+の ほうが ~ ~쪽이 더~

① わたしは ピザの ほうが いいです。
② わたしは 日本語の ほうが 好きです。
③ わたしは おにぎりの ほうが 好きです。

단어 및 표현

すし 초밥   ラーメン 라면   にく 고기   コーヒー 커피   さかな 생선

연습해 봅시다 1

1 예와 같이 대화해 보세요. 9-03

> **예**
> A おちゃは 好きですか。 차는 좋아합니까?
> B1 はい、好きです。 네, 좋아합니다.
> B2 いいえ、好きじゃ ありません。 아니요, 좋아하지 않습니다.
>
>
> おちゃ

①  コーヒー　②  さかな　③ 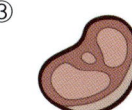 にく　④  やさい　⑤  くだもの

2 예와 같이 대화해 보세요. 9-04

> **예**
> A ⓐコーラは どうですか。 콜라는 어떻습니까?
> B ⓐコーラは あまり 好きじゃ ありません。
> 　콜라는 별로 좋아하지 않습니다.
> 　ⓑジュースの ほうが いいです。 주스 쪽이 더 좋습니다.
>
>
> ⓐコーラ　ⓑジュース

①
ⓐそば　ⓑうどん

②
ⓐプリン　ⓑケーキ

③
ⓐピザ　ⓑすし

④
ⓐラーメン　ⓑチャーハン

단어 및 표현

やさい 야채　くだもの 과일　そば 메밀국수　うどん 우동　チャーハン 볶음밥

제9과 好きですか　127

들어봅시다 2

푸드 코트

▶ 음성을 듣고 빈칸에 알맞은 히라가나를 쓰세요. 9-05

1. お___らいす
2. ___きん
3. ___んどん
4. し___らーめん
5. のりま___
6. う___どん
7. き___ねうどん
8. まーぼー___うふ

취미

▶ 음성을 듣고 알맞은 히라가나 표기를 선택하여 선으로 연결하세요. 9-06

1. 골프　　　　　　　　　● おんがく
2. 맛집 탐방　　　　　　　● りょこう
3. 드라이브　　　　　　　● やまのぼり
4. 여행　　　　　　　　　● ゴルフ
5. 노래방　　　　　　　　● たべあるき
6. 캠프　　　　　　　　　● カラオケ
7. 음악　　　　　　　　　● ドライブ
8. 등산　　　　　　　　　● キャンプ

배워봅시다 2

회화2 켄타 집에서 9-07

スジン　けんたさん、スポーツは 好きですか。
けんた　はい、大好きです。
スジン　何が いちばん 好きですか。
けんた　サッカーが いちばん 好きです。
　　　　スジンさんは？
スジン　わたしは スポーツは ちょっと…。

표현

① **大好きです** 아주 좋아합니다

「好きです(좋아합니다)」의 반대말은 「きらいです(싫어합니다)」입니다. 그리고, 「大好きです(아주 좋아합니다)」의 반대말은 「大きらいです(아주 싫어합니다)」입니다.

② **～は ちょっと…** ~은/는 좀……

「ちょっと」는 원래 정도나 양이 적은 것을 나타내는 말입니다. 「～は ちょっと…(~은/는 좀…)」는 요청이나 제안, 초대에 대한 완곡한 거절 표현입니다.
그 외에 「ちょっと すみません(잠시 실례합니다)」처럼 말을 걸 때도 사용합니다.

단어 및 표현

スポーツ 스포츠　だいすきです(大好きです) 아주 좋아합니다　なに(何) 무엇　いちばん 가장
サッカー 축구　ちょっと 조금, 좀

① 명사 + が いちばん ~ ~이/가 가장 ~

3가지 이상을 비교하는 표현입니다. '~을/를 가장 좋아합니다'라고 할 때는 「~が いちばん 好きです」라고 말합니다.

① すしが いちばん 好きです。

② サッカーが いちばん 好きです。

③ 何が いちばん いいですか。

* 「スタイル(스타일)」

「スタイル(style)」에는 모습·양식·틀 등과 같은 다양한 의미가 있습니다. 한국어로는 "이 과자는 내 스타일이 아니야"라는 표현을 자주 사용하지만 일본어로는 이러한 경우에 '스타일'이라고 하지 않고 「この おかしは わたしの 好みでは ありません(이 과자는 제 취향이 아닙니다)」와 같이 「好み(취향)」라는 말을 사용합니다.

연습해 봅시다 2

1 예와 같이 대화해 보세요. 9-08

> **예**
>
> A ⓐスポーツは 何が いちばん 好きですか。
>   스포츠는 무엇을 가장 좋아합니까?
>
> B わたしは ⓑテニスが 好きです。 저는 테니스를 좋아합니다.

ⓐスポーツ
ⓑテニス

① ⓐスポーツ
ⓑ

やきゅう　サッカー

すいえい　バスケ

② ⓐくだもの
ⓑ

みかん　いちご

りんご　ぶどう

③ ⓐたべもの
ⓑ

ラーメン　やきとり

てんぷら　おでん

④ ⓐのみもの
ⓑ

水　ぎゅうにゅう

コーヒー　ジュース

단어 및 표현

テニス 테니스　やきゅう 야구　すいえい 수영　バスケ 농구　みかん 귤　りんご 사과　ぶどう 포도
たべもの 먹을 것　やきとり 닭꼬치　てんぷら 튀김　のみもの 마실 것　みず(水) 물

제9과 好きですか

도전! 일본 퀴즈

퀴즈 33 일본의 상차림

일본요리를 먹을 때의 예절 가운데 한국과 크게 다른 점은 밥공기, 국그릇 등을 들고 먹는 점입니다. 등을 똑바로 펴고 바른 자세로 그릇을 적당한 높이로 들고 먹습니다. 단, 생선회, 생선구이, 튀김 등이 담긴 평평한 접시는 들지 않고 먹습니다.

그럼, 다음 중 일본의 상차림 방법으로 바른 것은 어느 것일까요?

①  ②  ③  ④

퀴즈 34 젓가락 사용법과 생선 먹는 법

전형적인 일본 젓가락은 나무에 옻칠을 한 것입니다. 일본요리는 기본적으로 젓가락으로만 먹습니다. 그래서 젓가락을 사용하는 예절이 아주 중요합니다.

위 그림은 모두 올바르지 않은 젓가락 사용법입니다. 그 중에서도 음식을 젓가락으로 주고 받는 것은 일본 장례식 때 유골을 단지에 담는 행동과 비슷하므로 싫어하는 사람이 많습니다. 한국에서는 별로 이상하지 않지만 일본에서는 조심하는 것이 좋습니다. 그리고, 일본요리를 먹으면 생선구이가 자주 나오는데 우선 아가미 부분으로부터 꼬리 방향으로 먹습니다.

그럼, 생선을 먹을 때 반을 먹고 난 후 나머지는 어떻게 먹는 것이 바른 방법일까요?

① 뒤집어서 나머지 반을 먹는다.
② 뼈를 떼어내고 나서 나머지를 먹는다.
③ 뼈의 틈새로 조금씩 꺼내서 나머지를 먹는다.
④ 반은 손을 대지 않고 남긴다.

퀴즈 35 　　すし(초밥)

초밥은 대표적인 일본요리입니다. 밥 위에 생선회를 얹은 초밥의 원형은 1830년경에 에도(현재의 도쿄)에서 탄생했다고 합니다. 이때 도쿄만에서 잡은 생선을 손질하여 제공했습니다. 포장마차에서 간편하게 먹던 대중 요리로, 요즘으로 치면 패스트푸드와 같은 것이었다고 합니다. 초밥은 젓가락을 사용해서 먹어도 괜찮지만 손으로 먹어도 좋습니다.

그럼, 젓가락으로 초밥을 먹을 때의 바른 방법은 어떤 것일까요?

① 생선회만 떼어내서 간장을 찍고 밥 위에 다시 얹어서 먹는다.
② 밥이 아래가 된 상태로 밥 부분에 간장을 찍어서 먹는다.
③ 초밥을 옆으로 눕힌 상태로 생선회 부분에 간장을 찍어서 먹는다.
④ 초밥을 먹기 쉬운 크기로 잘라서 조금씩 먹는다.

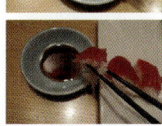

퀴즈 36 　　ぎゅうどん(규동)

밥과 반찬을 하나의 그릇에 담아 먹는 덮밥을 「どんぶり(돈부리)」라고 합니다. 밥 위에 얹는 반찬에 따라 아래와 같이 부릅니다.

- てんどん(덴동) : 밥＋튀김
- うなどん(우나동) : 밥＋장어구이
- おやこどん(오야코동) : 밥＋닭고기, 계란 조림
- かつどん(가쓰동) : 밥＋돈가스, 계란 조림
- ぎゅうどん(규동) : 밥＋소고기, 양파 조림

이 중에서 프랜차이즈 체인점이 가장 많고 패스트푸드처럼 정착한 '돈부리'가 '규동'입니다. 싸고 맛있고 24시간 영업하는 가게가 많아서 편리하기 때문에 일본사람뿐만 아니라 해외에서 온 관광객에게도 인기가 많습니다.

그럼, 「ぎゅうどん(규동)」의 「どん(동)」은 무슨 뜻일까요?

① 밥　　　　② 동그란 모양　　　　③ 정식　　　　④ 그릇

▶덴동

▶우나동

▶규동

정리해 봅시다

1 예와 같이 대화문을 만들어 보세요.

예	やさい	→	A	やさいは 好きですか。
			B1	はい、好きです。
			B2	いいえ、あまり 好きじゃ ありません。

① おちゃ → A _____。
　　　　　　　B はい、_____。

② みかん → A _____。
　　　　　　　B いいえ、_____。

③ やきとり → A _____。
　　　　　　　B いいえ、_____。

2 예와 같이 대화문을 만들어 보세요.

예	ⓐ스포츠 / ⓑ야구	→	A	ⓐスポーツは 何が いちばん 好きですか。
			B	ⓑやきゅうが 好きです。

① ⓐ과일 / ⓑ딸기 → A _____。
　　　　　　　　　　 B _____。

② ⓐ마실 것 / ⓑ물 → A _____。
　　　　　　　　　　 B _____。

③ ⓐ스포츠 / ⓑ수영 → A _____。
　　　　　　　　　　 B _____。

3 다음 문장을 일본어로 작문해 보세요.

① 사과를 좋아합니다. → _____

② 축구를 아주 좋아합니다. → _____

③ 생선은 별로 좋아하지 않습니다. → _____

④ 커피는 어떻습니까? → _____

일본을 알아봅시다

😊 和食(와쇼쿠) : 계절을 소중하게 여기는 일본요리

일본에서 친숙한 식재료를 사용하고 일본풍토 속에서 발달한 일본요리를 「和食(와쇼쿠)」라고 부릅니다. 쌀·야채·생선이 기본 재료이고 소재를 많이 가공하지 않으며, 소재 그 자체의 맛을 끌어내는 요리법이 특징입니다. 그래서 맛이 담백하고 건강에 좋다고 알려져 인기를 끌고 있습니다. 2013년에 유네스코 무형문화유산에도 등록되었습니다.

'와쇼쿠'를 만들 때 자주 사용하는 조미료는 다섯 가지로 「さしすせそ(사시스세소)」로 나타낼 수 있습니다. 「さ」는 「さとう(사토[설탕])」, 「し」는 「しお(시오[소금])」, 「す」는 「す(스[식초])」, 「せ」는 「しょうゆ(쇼유[간장])」, 「そ」는 「みそ(미소[된장])」입니다. 그리고 소재의 맛을 끌어내기 위한 육수(다시마, 가다랑이포)와 된장이나 간장을 만들 때 사용하는 누룩도 중요한 소재입니다.

또한, 소재의 영양가를 살려 맛있게 먹기 위해서는 계절감이 중요한 요소입니다. 식재료를 가장 신선하고 맛있게 먹을 수 있는 철을 「旬(슌)」이라고 하고, '와쇼쿠'는 그 철을 매우 소중하게 여기고 있습니다.

일본에 가면 다양하고 맛있는 일본요리를 맛 보시기 바랍니다.

제 9 과 단어 체크

번호	쪽	일본어	한국어	번호	쪽	일본어	한국어
1	125	ピザ		22	129	なに	
2	125	すきです		23	129	いちばん	
3	125	とても		24	129	サッカー	
4	125	コーラ		25	129	ちょっと	
5	125	どうですか		26	131	テニス	
6	125	あまり		27	131	やきゅう	
7	125	すきじゃ ありません		28	131	すいえい	
8	125	〜のほうが		29	131	バスケ	
9	125	いいです		30	131	みかん	
10	126	すし		31	131	りんご	
11	126	ラーメン		32	131	ぶどう	
12	126	にく		33	131	たべもの	
13	126	コーヒー		34	131	やきとり	
14	126	さかな		35	131	てんぷら	
15	127	やさい		36	131	のみもの	
16	127	くだもの		37	131	みず	
17	127	そば					
18	127	うどん					
19	127	チャーハン					
20	129	スポーツ					
21	129	だいすきです					

음성 듣기

제 10 과

何[なに]を しますか

무엇을 합니까?

주요 학습 내용

회화1
- ～ます ~ㅂ/습니다, ~겠습니다
- 명사+を ~을/를
- ～ません ~지 않습니다, ~지 않겠습니다

회화2
- 명사(장소)+で ~에서
- 何[なん]の+명사 무슨 ~

들어봅시다 1

🔊 음성을 듣고 다음 단어의 알맞은 히라가나 표기를 선택하세요.

1 먹습니다

① ☐ たべます
② ☐ だべます

2 마십니다

① ☐ のみます
② ☐ よみます

3 삽니다

① ☐ かきます
② ☐ かいます

4 영화

① ☐ えいご
② ☐ えいが

5 요리

① ☐ ようり
② ☐ りょうり

6 전공

① ☐ せんこう
② ☐ せんこ

7 항상, 언제나

① ☐ いすも
② ☐ いつも

8 전혀

① ☐ じぇんじぇん
② ☐ ぜんぜん

9 힘들겠네요

① ☐ たいへんですね
② ☐ たへんですね

배워봅시다 1

회화1 대학교 벤치에서 10-02

スジン　けんたさん、こんにちは。
　　　　おとなり、いいですか。

けんた　ええ、どうぞ。

スジン　おひるは いつも パンですか。

けんた　はい。わたしは よく パンを 食べます。

スジン　わたしは いつも おべんとうです。パンは あまり 食べません。

けんた　おべんとう、おいしそうですね。

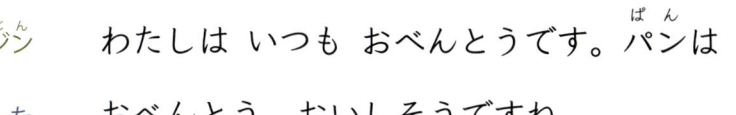

표현

① よく 자주, 잘

빈도가 높은 것을 나타냅니다. 빈도가 낮은 것은 「あまり(별로)」, 전혀 안 하는 것은 「ぜんぜん(전혀)」이라고 합니다. 「あまり(별로)」는 뒤에 부정 표현만 이어집니다.

② いいですか 좋습니까?, 괜찮습니까?

상대방에게 질문하여 허락을 구하는 표현으로, 「いいです」는 '좋습니다'라는 뜻입니다.

③ おいしそうですね 맛있어 보이네요, 맛있겠네요

음식이 먹음직스럽게 보일 때 사용하는 표현으로, 「おいしいです」는 '맛있습니다'라는 뜻입니다.

④ お + 명사 (미화어)

「おひる(점심)」「おべんとう(도시락)」「おとなり(옆)」「おみず(물)」「おでんわ(전화)」와 같이 명사 앞에 「お」를 붙여서 말을 부드럽게 하거나 정중함을 나타냅니다.

단어 및 표현

こんにちは 안녕하세요(낮 인사)　　となり 옆　　いいですか 좋습니까?, 괜찮습니까?　　ええ 네　　ひる 점심, 점심 식사
いつも 항상, 언제나　　よく 자주, 잘　　～を ~을/를　　たべます(食べます) 먹습니다　　べんとう 도시락
～ません ~지 않습니다　　おいしそうですね 맛있어 보이네요, 맛있겠네요

제10과 何を しますか

① ～ます ~ㅂ/습니다, ~겠습니다

현재, 가까운 미래, 말하는 사람의 의지 등을 나타내는 표현입니다.

食べます	のみます	見ます	かいます	します
먹습니다	마십니다	봅니다	삽니다	합니다

② 명사＋を ~을/를

동작의 대상을 나타냅니다.

① わたしは パンを 食べます。

② ともだちと えいがを 見ます。

③ ぎゅうにゅうを かいます。

③ ～ません ~지 않습니다, ~지 않겠습니다

「～ます」의 부정 표현입니다.

食べません	のみません	見ません	かいません	しません
먹지 않습니다	마시지 않습니다	보지 않습니다	사지 않습니다	하지 않습니다

① ゲームは あまり しません。

② パンは あまり 食べません。

③ おさけは ぜんぜん のみません。

단어 및 표현

のみます 마십니다   みます(見ます) 봅니다   かいます 삽니다   します 합니다   ともだち 친구
えいが 영화   ゲーム 게임   ぜんぜん 전혀

연습해 봅시다 1

1 예와 같이 대화해 보세요. 10-03

> 예
>
> A 何を ⓐ食べますか。 무엇을 먹습니까?
> B ⓑパンを ⓐ食べます。 빵을 먹습니다.
>
>
> ⓐ食べます　ⓑパン

① ⓐ します
ⓑ ゲーム　　そうじ　　べんきょう

② ⓐ のみます
ⓑ 水　　コーヒー　　ぎゅうにゅう

③ ⓐ 見ます
ⓑ えいが　　テレビ　　アルバム

④ ⓐ かいます
ⓑ さいふ　　かばん　　べんとう

2 예와 같이 대화해 보세요. (＊▢ 부분에는 적당한 동사를 사용하세요.) 10-04

> 예
>
> A よく パンを ＊食べ ますか。 자주 빵을 먹습니까?
> B1 はい、よく ＊食べ ます。 네, 자주 먹습니다.
> B2 いいえ、〈あまり/ぜんぜん〉＊食べ ません。
> 　　아니요, 〈별로 / 전혀〉 먹지 않습니다.
>
>
> パン

① えいが　② うんどう　③ カップラーメン　④ コーヒー　⑤ りょうり

단어 및 표현

そうじ 청소　べんきょう 공부　テレビ TV　アルバム 앨범　さいふ 지갑　かばん 가방
うんどう 운동　カップラーメン 컵라면　りょうり 요리

들어봅시다 2

점심

▶ 음성을 듣고 빈칸에 알맞은 히라가나를 쓰세요. 10-05

1. 뷔페 — ばいきん___
2. 런치 세트 — らんちせっ___
3. 정식 — て___しょく
4. 점심 시간 — ひ___やすみ
5. 매점 — ばい___ん
6. 급식 — きゅ___しょく
7. 학식 — が___しょく
8. 음식 배달 — でり___りー

아르바이트

▶ 음성을 듣고 알맞은 히라가나 표기를 선택하여 선으로 연결하세요. 10-06

1. 서빙 직원　●　　　●　家庭教師 (かていきょうし)
2. 캐셔　●　　　●　ホールスタッフ (ほーるすたっふ)
3. 과외 선생님　●　　　●　キッチンスタッフ (きっちんすたっふ)
4. 주방 직원　●　　　●　レジ (れじ)
5. 학원 강사　●　　　●　販売員 (はんばいいん)
6. 배달원　●　　　●　配達員 (はいたついん)
7. 가이드　●　　　●　塾講師 (じゅくこうし)
8. 판매원　●　　　●　ガイド (がいど)

배워봅시다 2

회화2 대학교 강의실에서 10-07

けんた　スジンさん、これから 何を しますか。

スジン　としょかんで べんきょうします。

けんた　べんきょうですか。すごいですね。わたしは バイトです。

スジン　そうですか。何の バイトですか。

けんた　けいびの バイトです。

スジン　たいへんですね。がんばって ください。

표현

① **すごいですね**　굉장하네요, 대단하네요

「すごいです」는 원래 '정도가 심합니다'라는 뜻이지만, 상대방을 칭찬하거나 감동을 받았을 때도 사용합니다.

② **たいへんですね**　힘들겠네요

「たいへんです」는 '힘듭니다', '큰일입니다' 라는 뜻입니다. 상대방의 고생을 헤아려서 「たいへんですね」라고 말을 거는 경우가 많습니다.

③ **がんばって ください**　열심히 하세요, 힘내세요, 고생하세요

상대방을 위로하거나 격려하는 표현입니다. 「がんばります」는 '분발합니다', '견딥니다', '버팁니다', '노력합니다' 등의 뜻을 가진 말입니다.

④ **何 / 何**　무엇

'무엇'에 해당하는 발음은 뒤에 오는 말의 소리에 따라서 「なん」과 「なに」의 두 가지가 있습니다.
なん: 何ですか(무엇입니까?), 何の(무슨), 何時(몇 시) 등
なに: 何が(무엇이), 何を(무엇을) 등

단어 및 표현

これから 지금부터　～で ~에서　すごいですね 대단하네요　なんの(何の) 무슨　けいび 경비
たいへんですね 힘들겠네요　がんばって ください 열심히 하세요, 힘내세요, 고생하세요

문법

① 명사(장소) + で ~에서

어떤 행동이 이루어지는 장소를 나타낼 때 사용합니다. 질문할 때는 「どこで(어디에서)」를 사용합니다.

① うちで テレビを 見ます。

② コンビニで ジュースを かいます。

③ A：どこで バイトを しますか。
　B：いざかやで バイトを します。

② 何の + 명사 무슨 ~

「何の(무슨)」는 명사 앞에서 종류나 목적에 대해 질문할 때 사용합니다.

① A：これは 何の 本ですか。
　B：それは りょうりの 本です。

② A：何の べんきょうを しますか。
　B：せんこうの べんきょうを します。

③ A：何の バイトですか。
　B：ガソリンスタンドの バイトです。

❖ 「食べます」와 「のみます」

한국어는 액체든지 고체든지 음식물을 섭취할 때는 '먹습니다'를 사용할 수 있습니다. 하지만 일본어는 고체 음식물을 섭취할 때는 「食べます」를, 액체를 섭취할 때는 「のみます」를 사용하여 구분합니다. 한국어로 '물을 먹습니다'라고는 말할 수 있지만 일본어로 「水を 食べます」라고는 하지 않기 때문에 조심합시다. 된장국이나 스프와 같은 경우에 국물이 메인이라면 「のみます」, 건더기가 많은 것이라면 「食べます」라고 합니다. 본인의 주관에 따라 다릅니다.
예외로 약은 알약이든 가루약이든 「くすりを のみます」라고 합니다. 「のみます」는 '삼킵니다'라는 의미로도 사용되기 때문입니다.

단어 및 표현

いざかや 선술집　　せんこう 전공　　ガソリンスタンド 주유소

연습해 봅시다 2

1 예와 같이 대화해 보세요. (ⓑ와 ⓒ는 참고 단어를 참조하세요.) 10-08

> 예
> A ⓐとしょかんで 何を しますか。 도서관에서 무엇을 합니까?
> B ⓐとしょかんで ⓑべんきょうを ⓒします。 도서관에서 공부를 합니다.

ⓐとしょかん

① ⓐ コンビニ　② ⓐ デパート　③ ⓐ うち　④ ⓐ こうえん

> ⓑ 참고 단어　べんきょう 공부　テレビ TV　ゲーム 게임　パン 빵　ぎゅうにゅう 우유
> 　　　　　べんとう 도시락　おかし 과자　えいが 영화　かばん 가방　ふく 옷　うんどう 운동
> 　　　　　さんぽ 산책　デート 데이트　コーヒー 커피　ランチ 런치
>
> ⓒ 참고 단어　します 합니다　かいます 삽니다　見ます 봅니다　食べます 먹습니다　のみます 마십니다

2 예와 같이 대화해 보세요. 10-09

> 예
> A 何の ⓐ本ですか。 무슨 책입니까?
> B ⓑ英語の ⓐ本です。 영어 책입니다.

ⓐ本　ⓑ英語

① ⓐ バイト　　　② ⓐ ざっし　　　③ ⓐ べんきょう
　ⓑ さらあらい　　ⓑ りょうり　　　ⓑ 中国語

단어 및 표현

デパート 백화점　こうえん 공원　ふく 옷　さんぽ 산책　デート 데이트　ランチ 런치
さらあらい 설거지　ちゅうごくご(中国語) 중국어

도전! 일본 퀴즈

퀴즈 37 — 일본의 손님 접대 '오모테나시'

일본에서는 손님을 정중하게 대접하는 「おもてなし(오모테나시)」 정신이 강조됩니다. '오모테나시'는 마음을 담은 최고의 배려를 드리는 것으로, 손님을 위해 정성스럽게 대접하는 모습입니다.

음식점 등에서는 손님에 대한 첫 번째 서비스로 물수건을 제공하는데 이것을 「おしぼり(오시보리)」라고 합니다. '오시보리'는 에도 시대(1603-1868)에 여인숙에서 여행객을 위해서 물을 담은 대야와 수건을 준비한 것이 그 시작이라고 합니다. 위생은 물론이고, 온도나 향기, 색이나 재질 등에 신경을 쓰는 것으로 '오시보리'는 손님에 대한 '오모테나시'의 중요한 아이템입니다.

그럼, 음식점에서 물수건과 함께 제공하는 찬물을 일본어로 뭐라고 할까요?

① おひや(오히야)　② おつゆ(오쓰유)　③ おさゆ(오사유)　④ おしる(오시루)

퀴즈 38 — 와리칸(각자 부담)

일본에서는 여러 명이 함께 식사를 하면 자신이 먹은 것은 본인이 지불하는 것이 기본입니다. 이것을 「割り勘(와리칸)」이라고 합니다. 서로 부담을 주지 않고, 그 자리에서 청산하려는 생각이 담겨 있습니다. 계산대에 가서 각자가 지불하기도 하지만, 테이블에서 미리 돈을 모아 계산대로 가는 경우가 많습니다. 회식의 경우에는 총무를 정해서 회비

를 걷고 전체 비용을 계산합니다. 술을 마시지 않는 참가자를 배려하여 술을 마시는 사람들이 회비를 조금 더 내는 경우도 있습니다. 번거로운 일정 조정이나 회비 계산을 할 때 편리한 스마트폰 앱도 활용되고 있습니다.

대학생 회식은 비교적 가격이 저렴한 「居酒屋(이자카야)」나 「飲み放題(노미호다이):음료 무한 리필」가 있는 가게에서 하는 경우가 많습니다.

그럼, 술자리에서 「チャンポンする(짬뽕한다)」는 무슨 의미일까요?

① 같은 종류의 술을 계속 마시는 것
② 종류를 바꿔가면서 여러 가지 술을 마시는 것
③ 자기는 별로 마시지 않고 다른 사람에게 따르기만 하는 것
④ 여러 종류의 술을 섞어서 마시는 것

퀴즈 39　학교 급식

일본의 학교 급식은 1889년에 야마가타현의 사원 경내에 있는 사립 초등학교에서 가난한 아이들에게 점심을 제공한 것이 시초라고 합니다. 제2차 세계대전 후에는 영양 부족을 해결하기 위해 탈지분유와 빵을 중심으로 한 급식이 전국에 보급되었습니다. 그 후 한동안 주로 빵이 주식이었지만 1976년부터는 밥이 제공되기 시작했습니다.  현재는 카레, 닭고기 튀김, 햄버거와 같은 인기 메뉴를 비롯해 영양 균형을 고려한 다양한 메뉴가 제공되고 있습니다. 최근에는 알레르기 대응이나 식재료의 안전성을 고려하고 '지역 생산 지역 소비'를 중시하여 지역의 특산물을 이용한 메뉴도 개발되고 있습니다. 또한 급식 당번이 배식을 담당하고 교실에서 다 같이 먹는 것이 일반적입니다. 이처럼 학교 급식은 아이들이 감사하는 마음을 갖고 건강한 식습관을 배우는 장이 되고 있습니다.

그럼, 귤이 유명한 에히메현의 급식 메뉴로 등장한 「みかんごはん(미캉고한):귤밥」은 무엇을 말하는 것일까요?

① 밥을 귤모양으로 뭉친 주먹밥
② 귤을 사용한 소스를 밥에 비벼서 먹는 것
③ 귤 과즙으로 지은 밥
④ 밥을 귤껍질에 싸서 찐 것

퀴즈 40　일본의 국민 음식 카레

카레에 관한 기록은 에도 시대 말기(1860년대 후반)부터 찾아 볼 수 있습니다. 당시 일본에서는 요코하마 등의 무역항에 외국인 거류지가 있어서, 그곳에 사는 영국인을 통해 유럽식 카레가 소개되었습니다. 1900년경부터 군용식으로 카레가 도입되어, 집에 돌아간 병사들이 가족들과 함께 카레를 만들어 먹으면서 카레가 일반화되었다고 합니다. 식당에서는 카레 우동(1904년), 카레 소바(1909년), 드라이 카레(1911년), 돈가스 카레(1918년), 카레 빵(1927년) 등 다양한 메뉴가 연이어 출시되었습니다.

제2차 세계대전 후(1945년 이후)에는 여러 식품 회사로부터 고형 카레나 즉석 카레가 발매되어, 카레는 일본 가정의 식탁에서 빠질 수 없는 메뉴가 되었습니다. 인도에서 탄생하여 영국을 경유해 독자적인 발전을 이룬 일본 카레는 지금은 일본의 '국민 음식'입니다.

그럼, 일본에서 카레의 매운맛을 덜어주는 사이드 메뉴로 보통 무엇이 곁들여질까요?

① 생강을 슬라이스하여 단 식초에 절인 「紅ショウガ(베니쇼가)」
② 무나 오이 등을 잘게 썰어 설탕, 간장, 식초에 절인 「福神漬け(후쿠진즈케)」
③ 생와사비를 잘게 썰어 간장에 절인 「わさび漬け(와사비즈케)」
④ 매실을 소금에 절인 「梅干し(우메보시)」

정리해 봅시다

1 예와 같이 대화문을 만들어 보세요.

예	ⓐパン / ⓑたべます
→	A よく ⓐパンを ⓑたべますか。
	B いいえ、あまり ⓑたべません。

① ⓐ水 / ⓑのみます
→ A _____。
　 B _____。

② ⓐそうじ / ⓑします
→ A _____。
　 B _____。

③ ⓐべんとう / ⓑかいます
→ A _____。
　 B _____。

2 예와 같이 문장을 만들어 보세요.

예	방 / 빵 / 먹습니다	→ わたしは へやで パンを 食べます。

① 집 / TV / 봅니다　　→ _____。

② 선술집 / 아르바이트 / 합니다　→ _____。

③ 백화점 / 가방 / 삽니다　→ _____。

3. 다음 문장을 일본어로 작문해 보세요.

① 열심히 하세요. →

② 힘들겠네요. →

③ 대단하네요. →

④ 맛있어 보이네요. →

弁当(벤토)도시락: 일본의 생활에 깊이 뿌리내린 문화

「弁当(벤토)」라는 말은 16세기에 활약한 '오다 노부나가'라는 영주가 본인의 성에서 많은 사람을 대접할 때 '한 사람 한 사람에게 나누어 주는 간단한 식사'라는 의미로 사용한 것이 시초라고 합니다.

에도 시대(1603-1868)에는 여관에서 여행자를 위해 주먹밥 도시락을 제공하거나 가부키 공연의 쉬는 시간에 먹는 「幕の内弁当(마쿠노우치 벤토)」가 등장하기도 했습니다.

그리고 메이지 시대(1868-1912)에는 학교나 직장에 도시락을 지참하는 습관이 확산되었습니다. 전후, 학교 급식 제도가 도입되어 초·중학생은 급식을 먹게 되었지만, 고등학생이 되면 도시락을 지참하는 것이 일반적입니다. 또한 건강이나 절약을 위해서 직접 만든 도시락을 가지고 오는 대학생이나 직장인이 증가하고 있습니다. 도시락을 만들기 위한 도구와 기능적인 도시락 통, 도시락을 싸기에 적합한 식재료 등도 많이 판매되고 있습니다. 일본의 도시락은 시대와 함께 변화하면서 사람들의 생활에 뿌리 깊게 자리잡고 있습니다.

幕の内弁当(마쿠노우치 벤토)

駅弁(에키벤)

駅弁(에키벤)

제10과 단어 체크

번호	쪽	일본어	한국어	번호	쪽	일본어	한국어
1	139	こんにちは		26	141	かばん	
2	139	となり		27	141	うんどう	
3	139	いいですか		28	141	カップラーメン	
4	139	ええ		29	141	りょうり	
5	139	ひる		30	143	これから	
6	139	いつも		31	143	～で	
7	139	よく		32	143	すごいですね	
8	139	～を		33	143	なんの	
9	139	たべます		34	143	けいび	
10	139	べんとう		35	143	たいへんですね	
11	139	～ません		36	143	がんばってください	
12	139	おいしそうですね		37	144	いざかや	
13	140	のみます		38	144	せんこう	
14	140	みます		39	144	ガソリンスタンド	
15	140	かいます		40	145	デパート	
16	140	します		41	145	こうえん	
17	140	ともだち		42	145	ふく	
18	140	えいが		43	145	さんぽ	
19	140	ゲーム		44	145	デート	
20	140	ぜんぜん		45	145	ランチ	
21	141	そうじ		46	145	さらあらい	
22	141	べんきょう		47	145	ちゅうごくご	
23	141	テレビ					
24	141	アルバム					
25	141	さいふ					

- 정답 152
- 듣기 대본 159
- 색인 164

정답

제1과

연습해 봅시다 2

1

❶	か	け	き	(さ)	く
❷	ぬ	(お)	ね	に	の
❸	し	そ	(こ)	す	せ
❹	つ	た	(な)	と	ち
❺	い	え	(て)	あ	う

2

か	に	く	ち	に	に	ち	に	く
く	に	か	か	ち	ち	ち	に	に
く	ち	く	に	ち	に	ち	に	ち
く	か	く	に	ち	ち	に	ち	に
ち	に	に	く	ち	か	に	く	ち
ち	ち	に	に	ち	に	か	か	ち
に	く	く	に	か	ち	く	に	ち
に	に	に	ち	く	ち	く	に	に
ち	く	か	に	く	ち	か	に	く

정리해 봅시다

1
① すし　② つち　③ せき
④ いえ　⑤ かお

2
① いぬ　② たこ　③ さけ
④ あお　⑤ うそ

3
① えき　② あさ　③ くつ
④ いけ　⑤ おかし　⑥ あした
⑦ ねつ　⑧ そこ

제2과

연습해 봅시다 2

1

❶	ひ	ふ	ほ	(よ)	へ
❷	み	(ゆ)	め	む	も
❸	れ	(ん)	り	る	ろ
❹	の	ぬ	(わ)	に	ね
❺	(や)	と	た	ち	て

2

や	へ	ふ	へ	め	へ	め	ふ	へ
ふ	へ	め	へ	め	へ	め	や	へ
ふ	ふ	や	ふ	や	へ	ふ	ふ	ふ
ふ	へ	へ	ふ	へ	へ	ふ	へ	め
ふ	め	へ	ふ	め	へ	ふ	め	や
へ	め	ふ	ふ	ふ	ふ	へ	め	へ
め	め	め	へ	め	め	め	へ	ふ
め	め	め	め	へ	め	ふ	ふ	め
へ	ふ	め	へ	へ	へ	ふ	ふ	や

정리해 봅시다

1
① やさい　② ふたつ　③ うま
④ きろく

2
① さら　② よる　③ もち
④ かわ　⑤ おふろ

3
① へや　② はし　③ ふね
④ みそ　⑤ かんこく　⑥ とても
⑦ あまり

제 3과

연습해 봅시다 2

1

❶	じ	て	ど	だ	づ
❷	ず	ぞ	ぜ	ざ	ぢ
❸	ぽ	ぴ	げ	ぷ	ぺ
❹	び	ぶ	ぼ	ぐ	ば
❺	べ	げ	ぎ	ご	が

2

ぴ	ご	ざ	ば	ぴ	ば	ご	ざ	ば
ば	ご	ば	ざ	ぴ	ぴ	ご	ざ	ざ
ざ	ざ	ば	ご	ご	ざ	ば	ば	ざ
ば	ぴ	ご	ぴ	ば	ざ	ざ	ご	ば
ご	ご	ざ	ざ	ば	ご	ぴ	ぴ	ご
ざ	ぴ	ば	ご	ぴ	ざ	ば	ご	ぴ
ご	ざ	ざ	ぴ	ざ	ご	ざ	ざ	ば
ざ	ぴ	ば	ご	ご	ぴ	ざ	ぴ	ば
ご	ば	ざ	ば	ぴ	ご	ば	ご	ご

정리해 봅시다

❶
① ひゃく ② ちょきん ③ じしょ
④ しゅくだい ⑤ おちゃ

❷
① ざっし ② いっぱい ③ きっぷ
④ みっつ ⑤ はっぱ

❸
① おとうさん ② おかあさん ③ えいが
④ おおい ⑤ せんせい

❹
① びょういん ② かいしゃいん ③ にんじゃ
④ かんぱい ⑤ ぎゅうにゅう

제 4과

들어봅시다 1

1 ① 2 ① 3 ② 4 ① 5 ②
6 ① 7 ② 8 ① 9 ②

들어봅시다 2

국가

1 か 2 と 3 い 4 り
5 ふ 6 つ 7 め 8 と

직업

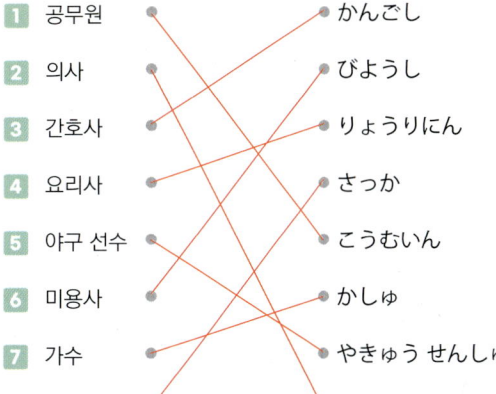

1 공무원 — こうむいん
2 의사 — いしゃ
3 간호사 — かんごし
4 요리사 — りょうりにん
5 야구 선수 — やきゅう せんしゅ
6 미용사 — びようし
7 가수 — かしゅ
8 작가 — さっか

정리해 봅시다

❶
① パク さんは かんこくじんです。
② たなかさんは にほんじんです。
③ すずきさんは だいがくせいです。

2

① A ちゅうごくじんですか。
　B いいえ、ちゅうごくじんじゃ ありません。かんこくじんです。
② A だいがくせいですか。
　B いいえ、だいがくせいじゃ ありません。こうこうせいです。
③ A せんせいですか。
　B いいえ、せんせいじゃ ありません。かいしゃいんです。

3

① はじめまして。
② こちらこそ。
③ よろしく おねがいします。
④ 韓国から きました。

제 5 과

(들어봅시다 1)

1 ①　2 ②　3 ①　4 ①　5 ②
6 ①　7 ②　8 ②　9 ②

(들어봅시다 2)

여행 선물

1 う　2 ん　3 や　4 ば
5 か　6 く　7 ざ　8 る

집

1 아이 방 — こどもべや
2 침실 — しんしつ
3 현관 — げんかん
4 거실 — リビングルーム
5 차고 — しゃこ
6 에어컨 — エアコン
7 냉장고 — れいぞうこ
8 책장 — ほんだな

(정리해 봅시다)

1

① A これは 何ですか。
　B それは チョコレートです。
② A あれは 何ですか。
　B あれは 韓国の のりです。
③ A それは 何ですか。
　B これは 日本の おかしです。

2

① あれは パクさんの スマホです。
② ここは キムさんの うちです。
③ そこは わたしの へやです。

3

① これは 何ですか。
② そうですか。
③ どうしましたか。
④ うれしいです。

제 6과

들어봅시다 1

1 ②　2 ①　3 ②　4 ①　5 ②
6 ②　7 ②　8 ②　9 ①

들어봅시다 2

가게와 시설

1 や　2 と　3 ど　4 が
5 く　6 こ　7 ば　8 こ

편의점 상품

1 칫솔 — はブラシ
2 쓰레기 봉투 — ごみぶくろ
3 충전기 — じゅうでんき
4 닭고기 튀김 — からあげ
5 샌드위치 — サンドイッチ
6 도시락 — べんとう
7 김밥 — のりまき
8 컵라면 — カップラーメン

정리해 봅시다

1
① ほんやは コンビニの うしろです。
② トイレは おふろの よこです。
③ くすりやは びょういんの まえです。

2
① コピーきは そちらです。
② だいがくは あちらです。
③ キムさんの へやは こちらです。

3
① ここから すぐですよ。
② くすりも ありますか。
③ もうしわけありません。
④ わかりました。

제 7과

들어봅시다 1

1 ②　2 ①　3 ②　4 ②　5 ①
6 ①　7 ①　8 ②　9 ①

들어봅시다 2

역

1 ん　2 う　3 い　4 ん
5 だ　6 べ　7 つ　8 ぷ

하루 생활

1 아침밥 — あさごはん
2 일, 업무 — しごと
3 점심밥 — ひるごはん
4 쇼핑 — かいもの
5 청소 — そうじ
6 저녁밥 — ばんごはん
7 샤워 — シャワー
8 독서 — どくしょ

정리해 봅시다

1
① しちじです。
② いちじ はんです。
③ よじ はんです。

2
① としょかんは 何時（なんじ）からですか。
② たいしかんは ごぜん くじからですか。
③ バイトは ごご 5じまでですか。

3
① しぶや行（い）きは にじです。
② いま、何時（なんじ）ですか。
③ てんぼうだいは 何時（なんじ）からですか。
④ まどぐちは にじから ろくじまでです。

제 8 과

들어봅시다 1

1 ①　**2** ①　**3** ②　**4** ①　**5** ①
6 ①　**7** ②　**8** ①　**9** ②

들어봅시다 2

화과자

1 ふ　**2** は　**3** だ　**4** と
5 わ　**6** く　**7** り　**8** み

양과자

1 파르페 — パフェ
2 쿠키 — クッキー
3 쇼트 케이크 — ショートケーキ
4 마카롱 — マカロン
5 티라미수 — ティラミス
6 도넛 — ドーナツ
7 타르트 — タルト
8 크레이프 — クレープ

정리해 봅시다

1
① たいやきを みっつ ください。
② おにぎりを いつつ ください。
③ ぎゅうにゅうを よっつ ください。

2
① どらやきは ひとつ ひゃくごじゅうえんです。
② だんごは ひとつ にひゃくななじゅうえんです。
③ ようかんは ひとつ さんびゃくはちじゅうえんです。

3
① ごめんください。
② いらっしゃいませ。
③ いくらですか。
④ おにぎりと おちゃを ください。

제 9 과

들어봅시다 1

1. ① 2. ① 3. ① 4. ② 5. ②
6. ② 7. ② 8. ① 9. ②

들어봅시다 2

푸드 코트

1. む 2. ち 3. て 4. お
5. き 6. な 7. つ 8. ど

취미

1. 골프 — ゴルフ
2. 맛집 탐방 — たべあるき
3. 드라이브 — ドライブ
4. 여행 — りょこう
5. 노래방 — カラオケ
6. 캠프 — キャンプ
7. 음악 — おんがく
8. 등산 — やまのぼり

정리해 봅시다

1

① A おちゃは 好きですか。
　B はい、好きです。
② A みかんは 好きですか。
　B いいえ、あまり 好きじゃ ありません。
③ A やきとりは 好きですか。
　B いいえ、あまり 好きじゃ ありません。

2

① A くだものは 何が いちばん 好きですか。
　B いちごが 好きです。
② A のみものは 何が いちばん 好きですか。
　B みずが 好きです。
③ A スポーツは 何が いちばん 好きですか。
　B すいえいが 好きです。

3

① りんごが 好きです。
② サッカーが 大好きです。
③ さかなは あまり 好きじゃ ありません。
④ コーヒーは どうですか。

제 10 과

들어봅시다 1

1. ① 2. ① 3. ② 4. ② 5. ②
6. ① 7. ② 8. ② 9. ①

들어봅시다 2

점심

1. ぐ 2. と 3. い 4. る
5. て 6. う 7. く 8. ば

정답

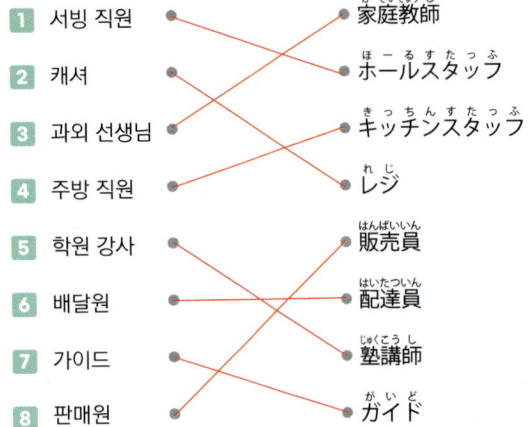

정리해 봅시다

1
① A よく 水を のみますか。
　B いいえ、あまり のみません。
② A よく そうじを しますか。
　B いいえ、あまり しません。
③ A よく べんとうを かいますか。
　B いいえ、あまり かいません。

2
① わたしは うちで テレビを みます。
② わたしは いざかやで バイトを します。
③ わたしは デパートで かばんを かいます。

3
① がんばって ください。
② たいへんですね。
③ すごいですね。
④ おいしそうですね。

듣기 대본

제 4 과

연습해 봅시다 1

1 `4-03`

① はじめまして。キムです。
韓国から きました。

② はじめまして。すずきです。
日本から きました。

③ はじめまして。ワンです。
中国から きました。

2 예시 답안 `4-04`

A はじめまして。パク スジンです。
韓国から きました。
どうぞ よろしく おねがいします。

B はじめまして。すずき けんたです。
こちらこそ どうぞ よろしく。

연습해 봅시다 2

1 `4-08`

① A たなかさんは 日本人ですか。
B はい、そうです。日本人です。

② A キムさんは 韓国人ですか。
B はい、そうです。韓国人です。

③ A きむらさんは せんせいですか。
B はい、そうです。せんせいです。

④ A パクさんは かいしゃいんですか。
B はい、そうです。かいしゃいんです。

2 `4-09`

① A ワンさんは 韓国人ですか。
B いいえ、韓国人じゃ ありません。
中国人です。

② A キムさんは 日本人ですか。
B いいえ、日本人じゃ ありません。
韓国人です。

③ A すずきさんは かいしゃいんですか。
B いいえ、かいしゃいんじゃ ありません。
大学生です。

④ A パクさんは 大学生ですか。
B いいえ、大学生じゃ ありません。
かいしゃいんです。

제 5 과

연습해 봅시다 1

1 `5-03`

① A これは 何ですか。
B それは おかしです。

② A これは 何ですか。
B それは おちゃです。

③ A これは 何ですか。
B それは おさけです。

④ A それは 何ですか。
B これは チョコレートです。

⑤ A それは 何ですか。
B これは くすりです。

⑥ A それは 何ですか。
B これは けしょうひんです。

2 `5-04`

① A これは 何ですか。
B それは 英語の しんぶんです。

② A これは 何ですか。
B それは 日本の ざっしです。

③ A これは 何ですか。
B それは 日本語の きょうかしょです。

④ A これは 何(なん)ですか。
　B それは 日本(にほん)の のりです。

연습해 봅시다 2

1 5-08

① A 車(くるま)は どこですか。
　B 車(くるま)は あそこです。
② A でんわは どこですか。
　B でんわは そこです。
③ A スイッチ(すいっち)は どこですか。
　B スイッチ(すいっち)は そこです。
④ A リモコン(りもこん)は どこですか。
　B リモコン(りもこん)は ここです。
⑤ A ごみばこは どこですか。
　B ごみばこは ここです。

2 5-09

① A これは だれの スリッパ(すりっぱ)ですか。
　B それは まつもとさんの スリッパ(すりっぱ)です。
② A これは だれの 車(くるま)ですか。
　B それは さとうさんの 車(くるま)です。
③ A これは だれの きょうかしょですか。
　B それは きむらさんの きょうかしょです。
④ A これは だれの スマホ(すまほ)ですか。
　B それは やまださんの スマホ(すまほ)です。

제 6 과

연습해 봅시다 1

1 6-03

① A ちかくに えきは ありますか。
　B はい、ここから すぐです。
② A ちかくに ほんやは ありますか。
　B はい、ここから すぐです。
③ A ちかくに かいしゃは ありますか。
　B はい、ここから すぐです。
④ A ちかくに こうこうは ありますか。
　B はい、ここから すぐです。

2 6-04

① A トイレ(といれ)は どこですか。
　B かいだんの よこです。
② A ぎんこうは どこですか。
　B ゆうびんきょくの うしろです。
③ A くすりやは どこですか。
　B びょういんの まえです。

연습해 봅시다 2

1 6-08

① A すみません。ティッシュ(てぃっしゅ)は ありますか。
　B1 はい、あります。
　B2 いいえ、ティッシュ(てぃっしゅ)は ありません。
② A すみません。おにぎりは ありますか。
　B1 はい、あります。
　B2 いいえ、おにぎりは ありません。
③ A すみません。けしゴム(ごむ)は ありますか。
　B1 はい、あります。
　B2 いいえ、けしゴム(ごむ)は ありません。
④ A すみません。ペン(ぺん)は ありますか。
　B1 はい、あります。
　B2 いいえ、ペン(ぺん)は ありません。
⑤ A すみません。とけいは ありますか。
　B1 はい、あります。
　B2 いいえ、とけいは ありません。
⑥ A すみません。コピー(こぴー)きは ありますか。

B1 はい、あります。
B2 いいえ、コピーきは ありません。
⑦ A すみません。おでんは ありますか。
B1 はい、あります。
B2 いいえ、おでんは ありません。
⑧ A すみません。にくまんは ありますか。
B1 はい、あります。
B2 いいえ、にくまんは ありません。

2 6-09

① A あのう、トイレは どこですか。
B こちらですよ。
② A あのう、おふろは どこですか。
B そちらですよ。
③ A あのう、だいどころは どこですか。
B あちらですよ。

제 7 과

연습해 봅시다 1

1 7-03

① A すみません。いま 何時ですか。
B いま、12時です。
② A すみません。いま 何時ですか。
B いま、9時です。
③ A すみません。いま 何時ですか。
B いま、3時です。
④ A すみません。いま 何時ですか。
B いま、6時はんです。
⑤ A すみません。いま 何時ですか。
B いま、5時はんです。

2 7-04

① A すみません。おだいば行きは 何時ですか。
B 4時はんですよ。
A ありがとうございました。
② A すみません。うえの行きは 何時ですか。
B 8時ですよ。
A ありがとうございました。
③ A すみません。あきはばら行きは 何時ですか。
B 7時はんですよ。
A ありがとうございました。
④ A すみません。あさくさ行きは 何時ですか。
B 2時ですよ。
A ありがとうございました。
⑤ A すみません。ぎんざ行きは 何時ですか。
B 11時はんですよ。
A ありがとうございました。

연습해 봅시다 2

1 7-08

① A しょくどうの でんわばんごうは なんばんですか。
B 06-1302-9576です。
② A えいがかんの でんわばんごうは なんばんですか。
B 0980-74-3168です。
③ A としょかんの でんわばんごうは なんばんですか。
B 090-7148-4632です。

2 7-09

① A まどぐちは 何時から 何時までですか。
B ごぜん 8時から ごご 5時までです。

② A プラネタリウムは 何時から 何時まですか。
B ごぜん 10時から ごご 3時までです。
③ A かんらんしゃは 何時から 何時までですか。
B ごぜん 10時はんから ごご 4時はんまでです。
④ A バイトは 何時から 何時までですか。
B ごぜん 7時から ごご 2時までです。
⑤ A すいぞくかんは 何時から 何時までですか。
B ごぜん 11時はんから ごご 6時までです。

제 8 과

연습해 봅시다 1

1 8-03

① A すみません、せんべいは いくらですか。
B せんべいは 80円です。
② A すみません、ようかんは いくらですか。
B ようかんは 150円です。
③ A すみません、だんごは いくらですか。
B だんごは 170円です。
④ A すみません、たいやきは いくらですか。
B たいやきは 200円です。
⑤ A すみません、どらやきは いくらですか。
B どらやきは 320円です。

제 9 과

연습해 봅시다 1

1 9-03

① A コーヒーは 好きですか。
B1 はい、好きです。
B2 いいえ、好きじゃ ありません。
② A さかなは 好きですか。
B1 はい、好きです。
B2 いいえ、好きじゃ ありません。
③ A にくは 好きですか。
B1 はい、好きです。
B2 いいえ、好きじゃ ありません。
④ A やさいは 好きですか。
B1 はい、好きです。
B2 いいえ、好きじゃ ありません。
⑤ A くだものは 好きですか。
B1 はい、好きです。
B2 いいえ、好きじゃ ありません。

2 9-04

① A そばは どうですか。
B そばは あまり 好きじゃ ありません。
うどんの ほうが いいです。
② A プリンは どうですか。
B プリンは あまり 好きじゃ ありません。
ケーキの ほうが いいです。
③ A ピザは どうですか。
B ピザは あまり 好きじゃ ありません。
すしの ほうが いいです。
④ A ラーメンは どうですか。
B ラーメンは あまり 好きじゃ ありません。
チャーハンの ほうが いいです。

연습해 봅시다 2

1 예시 답안 9-08

① A スポーツは 何が いちばん 好きですか。
B わたしは やきゅうが 好きです。
② A くだものは 何が いちばん 好きですか。
B わたしは みかんが 好きです。
③ A たべものは 何が いちばん 好きですか。
B わたしは ラーメンが 好きです。
④ A のみものは 何が いちばん 好きですか。
B わたしは 水が 好きです。

제 10 과

연습해 봅시다 1

1 예시 답안 10-03

① A 何を しますか。
B ゲームを します。
② A 何を のみますか。
B 水を のみます。
③ A 何を 見ますか。
B えいがを 見ます。
④ A 何を かいますか。
B さいふを かいます。

2 예시 답안 10-04

① A よく えいがを 見ますか。
B1 はい、よく 見ます。
B2 いいえ、あまり 見ません。
② A よく うんどうを しますか。
B1 はい、よく します。
B2 いいえ、ぜんぜん しません。
③ A よく カップラーメンを 食べますか。

B1 はい、よく 食べます。
B2 いいえ、あまり 食べません。
④ A よく コーヒーを のみますか。
B1 はい、よく のみます。
B2 いいえ、ぜんぜん のみません。
⑤ A よく りょうりを しますか。
B1 はい、よく します。
B2 いいえ、あまり しません。

연습해 봅시다 2

1 예시 답안 10-08

① A コンビニで 何を しますか。
B コンビニで おかしを かいます。
② A デパートで 何を しますか。
B デパートで ふくを かいます。
③ A うちで 何を しますか。
B うちで テレビを 見ます。
④ A こうえんで 何を しますか。
B こうえんで さんぽを します。

2 10-09

① A 何の バイトですか。
B さらあらいの バイトです。
② A 何の ざっしですか。
B りょうりの ざっしです。
③ A 何の べんきょうですか。
B 中国語の べんきょうです。

색인

※ 배워 봅시다, 연습해 봅시다의 단어만 정리하였습니다.

あ

あきはばら	아키하바라 (지명)	99
あさくさ	아사쿠사 (지명)	99
あした	내일	84
あそこ	저기	73
あちら	저쪽	87
アップルパイ	애플파이	116
あのう	저, 저어	73
あまり	별로	125
ありがとう ございました	감사합니다	83
ありがとう ございます	감사합니다	69
あります	있습니다	83
ありません	없습니다	87
アルバム	앨범	141
あれ	저것	70

い

いいえ	아니요	59
いいです	좋습니다	125
いいですか	좋습니까?, 괜찮습니까?	139
～いき(行き)	~행	97
いくつ	몇 개	116
いくら	얼마	111
いざかや	선술집	144
いちご	딸기	115
いちねんせい(1年生)	1학년	59
いちばん	가장	129
いつも	항상, 언제나	139
いま	지금	99
いらっしゃいませ	어서 오십시오	111

う

うえの	우에노 (지명)	99
うしろ	뒤	84
うち	집	74
うどん	우동	127
うれしいです	기뻐요	69
うんどう	운동	141

え

えいが	영화	140
えいがかん	영화관	103
えいご(英語)	영어	70
ええ	네	139
えき	역	83
えきいん	역무원	97
～えん(円)	~엔	111

お

おいしそうですね	맛있어 보이네요, 맛있겠네요	139
おかし	과자	69
おきまりですか	정하셨습니까? (주문 받겠습니다)	115
おこのみやき	오코노미야키(일본식 부침개)	112
おさけ	술	71
おだいば	오다이바 (지명)	99
おちゃ	차	71
おでん	어묵	89

일본어	한국어	쪽
おにぎり	주먹밥	89
おねがいします	부탁합니다	55
おふろ	욕실	74
おまわりさん	순경, 경찰관	83
おみやげ	기념품, 선물	69
おもちかえりですか	가져가시겠습니까?	115

か

일본어	한국어	쪽
～が	～이/가	88
かいしゃ	회사	85
かいしゃいん	회사원	60
かいだん	계단	85
かいます	삽니다	140
ガソリンスタンド	주유소	144
カップラーメン	컵라면	141
かばん	가방	141
～から	～에서, ～(으)로부터	55
～から	～에서	83
～から	～부터	101
かんこく(韓国)	한국	55
かんこくじん(韓国人)	한국인	60
がんばって ください	열심히 하세요, 힘내세요, 고생하세요	143
かんらんしゃ	관람차	103

き

일본어	한국어	쪽
きって	우표	84
きました	왔습니다	55
キム	김 (한국인의 성씨)	57
きむら	기무라 (일본인의 성씨)	61
ぎゅうにゅう	우유	116
きょうかしょ	교과서	70
ぎんこう	은행	85
ぎんざ	긴자 (지명)	99

く

일본어	한국어	쪽
くすり	약	71
くすりや	약국	85
ください	주세요	115
くだもの	과일	127
くるま(車)	자동차	74

け

일본어	한국어	쪽
けいび	경비	143
ケーキ	케이크	115
ゲーム	게임	140
けしゴム	지우개	89
けしょうひん	화장품	71

こ

일본어	한국어	쪽
こうえん	공원	145
こうこう	고등학교	85
こうこうせい	고등학생	59
コーヒー	커피	126
コーラ	콜라	125
ここ	여기	73
ごご	오후	101
ごぜん	오전	101
こちら	이쪽	88
こちらこそ	이쪽이야말로	55

コピーき	복사기	89
ごみばこ	쓰레기통	75
ごめんください	계십니까?, 실례합니다	111
ごめんなさい	미안합니다	88
これ	이것	69
これから	지금부터	143
こんにちは	안녕하세요(낮 인사)	139
コンビニ	편의점	83

さ

さいふ	지갑	141
さかな	생선	126
サッカー	축구	129
ざっし	잡지	71
さとう	사토 (일본인의 성씨)	75
さらあらい	설거지	145
～さん	～씨	59
さんぽ	산책	145

し

～じ(時)	～시	98
じかん	시간	84
しぶや	시부야(지명)	97
します	합니다	140
～じゃ ありません	～이/가 아닙니다	59
じゃあ	그럼	115
シュークリーム	슈크림	116
じゅうじ(10時)	10시	97
ジュース	주스	117
じゅぎょう	수업	102
しょくどう	식당	103

しんぶん	신문	70

す

すいえい	수영	131
すいぞくかん	수족관	103
スイッチ	스위치	75
スーパー	슈퍼	84
すきじゃ ありません(好きじゃ ありません)	좋아하지 않습니다	125
すきです(好きです)	좋아합니다	125
すぐ	바로	83
すごいですね	대단하네요	143
すし	초밥	126
すずき	스즈키 (일본인의 성씨)	56
すずき けんた	스즈키 켄타	55
スポーツ	스포츠	129
スマホ	스마트폰	75
スリッパ	슬리퍼	75

せ

せんこう	전공	144
せんせい	선생님	60
ぜんぜん	전혀	140
せんべい	전병	113

そ

そうじ	청소	141
そうです	그렇습니다	61
そうですか	그렇습니까	73
そこ	거기	73
そちら	그쪽	88

일본어	한국어	쪽
そば	메밀국수	127
それ	그것	69

た

일본어	한국어	쪽
たいおんけい	체온계	87
だいがく(大学)	대학교	59
だいがくせい(大学生)	대학생	59
たいしかん	대사관	101
だいすきです(大好きです)	아주 좋아합니다	129
だいどころ	부엌	73
たいへんですね	힘들겠네요	143
たいやき	붕어빵	113
たなか	다나카 (일본인의 성씨)	60
たべます(食べます)	먹습니다	139
たべもの	먹을 것	131
だれ	누구	75
だんご	경단	113

ち

일본어	한국어	쪽
ちかく	근처	83
チャーハン	볶음밥	127
ちゅうごく(中国)	중국	56
ちゅうごくご(中国語)	중국어	145
ちゅうごくじん(中国人)	중국인	60
チョコレート	초콜릿	71
ちょっと	조금, 좀	129

て

일본어	한국어	쪽
～で	~에서	143
ティッシュ	티슈	89
デート	데이트	145
～です	~입니다	55
～ですか	~입니까?	59
テニス	테니스	131
デパート	백화점	145
テレビ	TV	141
てんいん	점원	87
てんぷら	튀김	131
てんぼうだい	전망대	102
でんわ	전화	75
でんわばんごう	전화번호	101

と

일본어	한국어	쪽
～と	~와/과	115
トイレ	화장실	74
どうしましたか	무슨 일이 있습니까?, 무슨 일입니까?	73
どうぞ	부디, 자	55
どうぞ	어서	69
どうですか	어떻습니까?	125
どうも	대단히(감사합니다)	69
とけい	시계	89
どこ	어디	73
としょかん	도서관	103
どちら	어느 쪽	88
とても	아주, 매우	125
となり	옆	139
ともだち	친구	140

どらやき	도라야키	113
どれ	어느 것	70

な

なに(何)	무엇	129
なんじ(何時)	몇 시	97
なんですか(何ですか)	무엇입니까?	69
なんの(何の)	무슨	143
なんばん	몇 번	103
なんばんせん(何ばんせん)	몇 번선	97

に

にく	고기	126
にくまん	고기찐빵	89
にほん(日本)	일본	56
にほんご(日本語)	일본어	70
にほんじん(日本人)	일본인	60

の

〜の ほうが	〜쪽이 더	125
のみます	마십니다	140
のみもの	마실것	131
のり	김	71

は

バイト	아르바이트	102
パク	박 (한국인의 성씨)	57
パク スジン	박수진	55
はじめまして	처음 뵙겠습니다	55
バスケ	농구(basketball)	131
はん	반, 30분	98
パン	빵	116
ハンカチ	손수건	89
〜ばんせん	~번선	97

ひ

ピザ	피자	125
ひとつ	한 개	115
びょういん	병원	85
ひる	점심, 점심 식사	139

ふ

ふく	옷	145
ふたつ	두 개	115
ぶどう	포도	131
プラネタリウム	플라네타륨	103
プリン	푸딩	115

へ

へや	방	73
ペン	펜	89
べんきょう	공부	141
べんとう	도시락	139

ほ

ほん(本)	책	71
ほんや	서점	84

ま

まえ	앞	83
マスク	마스크	87
〜ません	~지 않습니다	139

まつもと	마쓰모토 (일본인의 성씨)	75
~まで	~까지	101
まどぐち	창구	103
まんじゅう	만주	111

み

みかん	귤	131
みず(水)	물	131
みます(見ます)	봅니다	140

も

~も	~도	59
もうしわけありません	죄송합니다	87

や

やきとり	닭꼬치	131
やきゅう	야구	131
やさい	야채	127
やちん	집세	112
やまだ	야마다 (일본인의 성씨)	75

ゆ

ゆうびんきょく	우체국	85

よ

~よ	~예요/이에요	84
ようかん	양갱	113
よく	자주, 잘	139
よこ	옆	84
よろしく	잘	55

ら

ラーメン	라면	126
ランチ	런치	145

り

リモコン	리모컨	76
りょうり	요리	141
りんご	사과	131

れ

レストラン	레스토랑	103

わ

わかりました	알겠습니다	87
わかりますか	압니까?	101
わたし	나, 저	59
ワン	왕 (중국인의 성씨)	57

を

~を	~을/를	139

memo

문화와 함께 배우는
만만한 일본어 1

초판 인쇄	2025년 10월 30일
초판 발행	2025년 11월 15일
저자	이시이 히로코, 키노시타 쿠미코, 서혜린
편집	오은정, 조은형, 김성은, 무라야마 토시오
펴낸이	엄태상
디자인	이건화
조판	이서영
콘텐츠 제작	김선웅, 이다빈, 조현준, 윤여명, 장형진
마케팅	이승욱, 노원준, 조성민, 이선민, 김동우
경영기획	조성근, 최성훈, 김로은, 최수진, 오희연
물류	정종진, 윤덕현, 신승진, 구윤주
펴낸곳	시사일본어사(시사북스)
주소	서울시 종로구 자하문로 300 시사빌딩
주문 및 교재 문의	1588-1582
팩스	0502-989-9592
홈페이지	www.sisabooks.com
이메일	book_japanese@sisadream.com
등록일자	1977년 12월 24일
등록번호	제 300-2014-92호

ISBN 978-89-402-9455-0 14730
　　　 978-89-402-9457-4 (set)

* 이 책의 내용을 사전 허가 없이 전재하거나 복제할 경우 법적인 제재를 받게 됨을 알려 드립니다.
* 잘못된 책은 구입하신 서점에서 교환해 드립니다.
* 정가는 표지에 표시되어 있습니다.